Melina Royer
Verstecken gilt nicht

MELINA ROYER

Verstecken gilt nicht!

Wie man als
Schüchterner
die Welt erobert

Der Verlag weist ausdrücklich darauf hin, dass im Text enthaltene externe Links nur bis zum Zeitpunkt der Buchveröffentlichung geprüft werden konnten. Auf spätere Veränderungen hat der Verlag keinerlei Einfluss. Eine Haftung ist daher ausgeschlossen.

Dieses Buch ist auch als E-Book erhältlich.

Verlagsgruppe Random House FSC® N001967

1. Auflage

Originalausgabe
© 2017 Kailash Verlag, München
in der Verlagsgruppe Random House GmbH,
Neumarkter Straße 28, 81673 München
Lektorat: Julei M. Habisreutinger
Layout: ki 36 Editorial Design, Daniela Hofner München
Umschlagmotiv und -gestaltung: Powerigel – Strategie und visuelle
Kommunikation, Melina Royer, Lübeck
Satz: Satzwerk Huber, Germering
Druck und Bindung: Alcione
Printed in Italy
ISBN 978-3-424-63150-0

www.kailash-verlag.de

»FURCHT BESIEGT MEHR MENSCHEN ALS IRGENDETWAS
ANDERES AUF DER WELT«

RALPH WALDO EMERSON

INHALT

EINLEITUNG

Der schüchternste Mensch auf dem Planeten?........... 12
  Tschüss, Schüchternheit! 13 // Vom Angsthäschen zur
  Wonder Woman? 14 // Über Vanilla Mind 16

Für wen ist dieses Buch?............................ 16
  Kleiner Selbsttest 18 // Dieses Buch ist nichts für dich,
  wenn... 20

I. KAPITEL

WIR, DIE SCHÜCHTERNEN

Was bedeutet es, schüchtern zu sein?.................... 25
  Ständiger Rückzug in die Komfortzone 26 // Erfahrungsbericht von Coralie 27

Welche Ursachen hat Schüchternheit?................... 29
  Blick auf die »Schüchternheits-Kultur« anderer Länder 31 //
  »Ich kann doch auch nichts dafür!« 33

Schüchternheit oder psychische Störung?................ 34
  Über das Ende meiner Schulzeit 35 // Willkommen in der
  Opferrolle! 37 // Erfahrungsbericht von Tina 39

Der feine Unterschied: Schüchternheit vs. Introversion........ 42
  Extrovertierte Schüchterne – ein Widerspruch? 43

Macht Schüchternheit egozentrisch?..................... 46
  Gute Gründe, etwas an sich zu ändern 48

2. KAPITEL
DIE SCHÜCHTERNHEIT UND IHRE »BEGLEITER«

Wie sich Perfektionismus auswirkt 53
    Perfektionisten und Niederlagen – der Super-GAU 57 //
    Erfahrungsbericht von Katharina 59

Das Schwarz-Weiß-Denken 60
    Sätze, die Schwarz-Weiß-Denker gern benutzen 62

Das negative Gedankenkarussell 63
    Meine Top Three der Dauerschleifen 64

Über Hochsensibilität 65
    Was sagt die Forschung zur Hochsensibilität? 69

3. KAPITEL
ERFOLG HAT EIN MUSTER: DEIN NEUES MINDSET

Selbstachtung lernen 74

Selbstreflexion üben 77
    Erfahrungsbericht von Alexandra 79

Psychohygiene trainieren 81

Das »innere Team« kennenlernen 83
    Level 1: Welchen Namen hat mein Gefühl? 85 // Level 2:
    Ursachenforschung – woher kommt mein Gefühl? 86 //
    Gefühle genau analysieren 87 // Widersprüche und Miss-
    verständnisse aufdecken 90 // Level 3: Mach eine Routine
    draus! 95 // Level 4: Über sich hinauswachsen 98

INHALT

Dein innerer Dialog – Schluss mit der Selbstsabotage! 99
  Immer im Rampenlicht 101 // Sich mit den Augen anderer
  sehen 103

Lernen, über Gefühle zu reden 108
  Was mich hinderte, direkt zu reagieren 111

Hallo Fremder! 113
  Lächeln ist die beste Medizin – fast immer 115 // Und was ist
  mit Small Talk? 118 // Was tun bei einem Fauxpas? 122 //
  Akzeptiere deine Nervosität! 123 // Erfahrungsbericht von
  Sandra 128

Schüchterne und das Internet 129
  Die virtuelle Welt als Sprungbrett für Schüchterne 130

Leute anquatschen für Angsthasen – mein Guide 132
  Level 1: Im Internet einfach mal Farbe bekennen 133 // Level
  2: Wildfremde Menschen kontaktieren 134 // Level 3: Das
  persönliche Gespräch suchen 135

4. KAPITEL
DIE RICHTIGE UNTERSTÜTZUNG FÜR DEIN NEUES MINDSET

Der Mensch – ein Gewohnheitstier 139
  Alles nur eine Frage der Disziplin? 140 // Motivation ist
  flüchtig – Routine nicht 142

Die Beobachtung der eigenen Fortschritte 144
  Gestärkt durch die Morgenroutine in den Tag starten 146 //
  Tausend Möglichkeiten und der Faktor Zeit 149 // Fünf
  motivierende Morgenrituale 152

Der Wert von Affirmationen 157
  Das programmierbare Unterbewusstsein 158

Inhalt

Ängste buchstäblich wegtrainieren 163
  Sport und ich? Lange kein Dream-Team! 165 // Schwierige
  Phasen überwinden 168 // Die Willenskraft stärken 169 //
  Sport aus wissenschaftlicher Sicht 171

Gute Ernährung als Treibstoff für dein Selbstbewusstsein 174

Was hat dein Umfeld mit deinem Fortschritt zu tun? 179
  Deine Wohnung 182 // Dein Schreibtisch 183 // Dein Weg zur
  Arbeit 184 // Deine Freunde und Arbeitskollegen 186 // Vorbilder wählen 188 // Der Einfluss von Nachrichten 190 // Deine
  Essgewohnheiten 192 // Erfahrungsbericht von Maxi 193

5. KAPITEL
DEINE ZIELE: WAS WILLST DU ERREICHEN?

Stille aushalten lernen 197

Nein ist das neue Ja! 201
  Meine Do's 201 // Meine Don'ts 202 // Erfahrungsbericht von
  Vera 204

Und – wie soll es jetzt weitergehen? 208
  Wenn nicht heute beginnen, wann dann? 209 // Auch
  Niederlagen akzeptieren 210 // Schritt für Schritt zum
  Erfolg 211

Danksagung. 215
Anmerkungen 217

EINLEITUNG

Allein die Aussicht, mit mehr als zwei fremden Leuten in einem Raum zu sitzen, macht, dass sich mir die Nackenhaare aufstellen.
Es spielt dabei überhaupt keine Rolle, wie gut ich vorbereitet bin. In einer Art Dauerschleife kreisen dann nur noch diese Fragen in meinem Kopf herum: »Was denken die Leute von mir?«, »Wie sehe ich gerade aus?«, »Mache ich mich gerade total lächerlich?«, »Was ist, wenn ich etwas Falsches sage?«, »Oh bitte Erdboden, tu dich auf und verschluck mich einfach!« Ich bekomme schon am Morgen keinen Bissen mehr herunter. Da bleibt auch ein unglaublich leckeres Buttercroissant einfach unangetastet auf dem Teller liegen. Außer nervös an meinem Pfefferminztee zu nippen, kriege ich nichts mehr hin. Mein Körper zeigt eine völlige Überreaktion: Puls gefühlt bei 180. Ich habe Bauchweh und hektische Flecken überall am Hals und im Gesicht, mir ist speiübel, und ich muss auch noch andauernd zur Toilette rennen.
Autsch! Wer diese Art von Panik kennt, bitte mal die Hand heben.
Und nein, es handelt sich da nicht einfach um Lampenfieber. Derartiges Empfinden ist normaler Alltag bei einem schüchternen, verängstigten Menschen. Früher habe ich mich in fast jeder Situation mit fremden Menschen so gefühlt wie oben beschrieben. Sogar ein nettes Beisammensein unter Freunden löste bei mir ähnliche Turbulenzen aus. Manchmal sogar bereits die Frage einer Verkäuferin: »Wie kann ich Ihnen helfen?« Jedes noch so kleine Ereignis kann bei einem Menschen, der schüchtern ist, zu einer Art globaler Gefühlskatastrophe werden.

EINLEITUNG

DER SCHÜCHTERNSTE MENSCH AUF DEM PLANETEN?

Ich habe jahrelang gehofft, meine Schüchternheit lasse irgendwann von allein nach. Ich würde an Lebenserfahrung zunehmen, das nötige Selbstvertrauen würde damit automatisch kommen und die ständige Angst vor der Meinung anderer endlich gehen. Aber so war es leider nicht. Die Schüchternheit hat während der vergangenen zwei Jahrzehnte meines Lebens großartige Arbeit dabei geleistet, sich zwischen mich und meine Ziele zu stellen.

In meiner Fantasie war und bin ich: eine Kämpfernatur, die genau weiß, wo sie hinwill. Die die Höhen und Tiefen des Lebens meistert, auch wenn es mal wehtut. Die ihr eigenes Ding macht und keine Angst davor hat, auf Ablehnung zu stoßen. Kurz gesagt: eine starke Frau. Zwischen mir und diesem Ideal stand aber immer die Schüchternheit. Dass wir Schüchternen mehr können, als stumm zu nicken und verständnisvoll zu lächeln, wissen nur die wenigsten. Eigentlich sind wir zielstrebig und neugierig, energiegeladen und voller Ideen!

Als Schüchterner selbst weißt du natürlich, dass du auch ganz andere Seiten hast. Dein Problem besteht nur darin, dass du sie niemandem zeigen kannst.

Ich bin zum Beispiel ziemlich eigensinnig und kann mich sehr wohl durchsetzen. Ich wollte immer mit dem Kopf durch die Wand. Als ich ein Teenager war, hat es beinahe täglich zwischen meinen Eltern und mir gekracht. Emotionen zeige ich also durchaus. Und ich habe auch zu allem eine Meinung.

Leider sind unsere Ängste oft größer als wir selbst, und wir lassen uns von ihnen kleinhalten und kontrollieren. Ich habe mich ihnen jahrelang untergeordnet. Die Schüchternheit wurde immer größer, während mein Selbstwertgefühl immer kleiner wurde. Sobald ich mir einen Plan zurechtlegte oder Lust auf

eine neue Erfahrung hatte, schwebte sie über mir wie eine dunkle Wolke und ließ tausend Ängste in mir entstehen: Angst vorm Versagen, Angst vor der Meinung anderer Leute, Angst, nicht gemocht zu werden – Angst, Angst, Angst. Ich gab all diesen Ängsten für gewöhnlich nach und verkroch mich in mein Schneckenhaus.
Außerdem litt ich sehr darunter, dass mich viele Menschen schnell als arrogant und unterkühlt abstempelten, obwohl sie mich gar nicht kannten. Ich hatte ohnehin schon Angst davor, ich selbst zu sein und davor, von anderen abgelehnt zu werden. Dementsprechend lächelte ich kaum und fühlte mich sehr unbeholfen. Bekommt man dann auch noch etwas zu hören wie: »Ich hätte nie gedacht, dass du eigentlich ganz nett bist«, wirkt das schon sehr verletzend.

TSCHÜSS, SCHÜCHTERNHEIT!

Hat der Blitz bei mir eingeschlagen? Ganz sicher nicht. Ich bin nicht eines Morgens aufgewacht, habe mir vorgenommen, von nun an alles anders zu machen und hatte Erfolg damit. Schön wär's. Aber ich habe inzwischen gelernt, zu mir selbst zu stehen. Ich kann meine Schüchternheit kontrollieren und mich bewusst für oder gegen ein bestimmtes Handeln entscheiden, ohne mich von meiner Angst »entmachten« zu lassen.
Eine kleine Auswahl meiner Siege über die Schüchternheit: Ich habe einen TV-Beitrag fürs nationale Fernsehen gedreht, ich habe ein Radio-Interview gegeben, mit meinem Mann einen Großauftrag für ein TecDAX-Unternehmen geleitet, einen Blog gegründet, mein ganzes »Innenleben« im Internet preisgegeben, habe auf Konferenzen völlig fremde Menschen angesprochen, neue Freundschaften geschlossen, in einer bekannten Frauenzeitschrift über meine Schüchternheit und meine inneren

EINLEITUNG

Ängste geredet. Ich habe einen Modedesign-Wettbewerb gewonnen, bei dem ich aus lauter Angst gar nicht teilnehmen wollte – und: Offensichtlich habe ich mich getraut, ein Buch zu schreiben. Bäm!
Aber noch mehr ist passiert: Ich kann mittlerweile »Nein« sagen, ohne tagelang Schuldgefühle zu haben und mich selbst dafür zu hassen. Ich kann vor anderen meine Meinung vertreten und sogar vor größeren Gruppen sprechen. Das sind echte Meilensteine für mich gewesen.
Ich habe mich immer für den schüchternsten Menschen auf diesem Planeten gehalten. Dasselbe denkst du vielleicht auch von dir. Und vermutlich wirst du –wie viele Schüchterne – anderen nicht glauben, wenn sie sagen, dass sie großes Vertrauen in dich setzen. Aber ich sage es dir trotzdem: Ich weiß, was ich geschafft habe, und genau deswegen weiß ich auch, was du schaffen kannst! Es ist nicht einfach, aber es ist möglich. Schüchternheit ist nichts Unveränderliches.

VOM ANGSTHÄSCHEN ZUR WONDER WOMAN?

Da wären wir also. Ein schüchterner Mensch schreibt ein Buch und geht damit an die Öffentlichkeit. Klingt das paradox für dich? Vermutlich. Um dir die Wahrheit zu sagen: Ich fühle mich nicht unbedingt wohl bei dem Gedanken, dass vielleicht mehr als tausend Menschen dieses Zeugnis meiner persönlichen Angst lesen werden. Ich habe aber beschlossen, dieser Stimme in mir keinen zu großen Platz einzuräumen. Eine andere Stimme sagt mir: »Mach es! Vielleicht kannst du andere motivieren!«
Ich habe keine Lust mehr, mich zurückzuhalten und zu Themen zu schweigen, die mich wirklich bewegen. Ich war ein kleines Nervenbündel, zerfressen von Ängsten und Selbstzwei-

feln. Aber ich habe es geschafft, meine Schüchternheit zu kontrollieren, damit sie nicht mich kontrolliert. Und diese Erfahrung will ich teilen! Ja logisch, ich hätte mich auch einfach damit abfinden können, schüchtern zu sein. Schweine können ja schließlich auch nicht fliegen, oder? Und irgendwie scheinen sie auch kein großes Problem damit zu haben. Sie denken sicher nicht den ganzen Tag: »Hach, wie schön es doch wäre, Flügel zu haben wie die Gans im Nachbarstall!«

Es gibt Leute, die wollen einem einreden, alles sei gut, so wie es nun einmal ist. Sie wollen, dass jeder seinen Platz im Leben kennt und möglichst nicht daran rüttelt. Am besten sollten wir alle stromlinienförmig in der Menge mitschwimmmen und möglichst wenig auffallen. Das ist kein Nährboden für Veränderung und deshalb Gift für die Persönlichkeitsentwicklung. Niemand muss sich damit abfinden, permanent unter seinen eigenen Möglichkeiten zu bleiben und kaum Kontakt zu anderen Menschen zu finden, nur weil er schüchtern ist und nicht auffallen will. Ich wollte mich frei und selbstbewusst fühlen, nur lange Zeit wusste ich nicht genau, wie ich da hinkommen soll. Also möchte ich, dass dies ein Mutmach-Buch wird! Damit du merkst, dass du nicht allein bist. Ich bin Melina, und ich bin ebenfalls schüchtern – genau wie du. Ich weiß, wie es dir geht, und deswegen nehme ich dich jetzt mit. Stell dir vor, du bist auf einer Party mit hundert Leuten, die du nicht kennst. Aber ich komme nun dazu und führe dich ein bisschen herum, damit du nicht so allein bist. Hak dich bei mir ein und los geht's! Ich werde dir zeigen, dass du du selbst sein und deine Ziele erreichen kannst, auch wenn es ein steiniger Weg ist, den du zu gehen hast. Aber dafür ist es nicht nötig, dass du dich änderst, sondern nur, dass du dich *entfaltest*. Auch wer ängstlich ist und wenig Selbstvertrauen besitzt, kann in sich den Mut entdecken, mehr zu erreichen, als er glaubt – für sich und für andere.

EINLEITUNG

ÜBER VANILLA MIND

Mit diesem Gedanken im Kopf habe ich übrigens auch meinen Blog »Vanilla Mind« gegründet, auf dem ich seit Oktober 2014 schreibe. Der Name ist eine Hommage an die beliebteste Eissorte der Welt. Jeder kennt sie, es gibt sie überall.
Im englischen Sprachraum wird das Wort »vanilla« daher als Synonym für »langweilig« oder »durchschnittlich« benutzt. Und genau das ist das Problem: Unsere Umwelt will uns in bestimmtes Raster stecken. Wir sollen alle gleich sein, »normal« eben. Deswegen will ich mit Vanilla Mind dieses Denken aufdecken und anderen dabei helfen, sich mehr zuzutrauen und zu zeigen wer sie sind.
Auf meinem Blog ist mir der Austausch mit den Leserinnen immer das Wichtigste gewesen. Ich wollte einen Ort für Frauen schaffen, die sich mit den gleichen Sorgen herumschlagen wie ich und die das auch einfach mal laut aussprechen wollen, statt immer nur perfekt performen zu müssen.
Ich stelle in diesem Buch mich und meine Geschichte gewissermaßen als Fallstudie zur Verfügung und teile meine Erkenntnisse. Aber natürlich geht es hierbei um uns alle. Laut statista.de geben über 20% Prozent der Befragten an, schüchtern zu sein. So wenig ist das gar nicht. Deswegen kommen in diesem Buch viele liebe Frauen zu Wort, von denen ich die meisten durch meinen Blog kennengelernt habe. Sie waren so mutig, ihre Sicht auf das Thema mit dir und mir zu teilen.

FÜR WEN IST DIESES BUCH?

Ich werde selbstironisch und kritisch sein und nicht mit peinlichen Details hinterm Berg halten. Manches wird sicherlich lustig für dich klingen. Und obwohl ich gut über mich selbst lachen kann, wissen wir beide: Das Problem an sich ist eigentlich gar nicht so lustig. Rechne damit, dass ich in diesem Buch schonungslos ehrlich bin. Dasselbe erwarte ich von dir. Sei ehrlich mit dir selbst! Ich habe mit vielen Frauen über Schüchternheit gesprochen und in fast allen Fällen festgestellt: Schüchternheit ist oft nur ein Faktor neben tausend anderen Ängsten, die an uns nagen wie Piranhas.

Es stimmt, es gibt zahlreiche Artikel, die Schüchternheit sogar glorifizieren. Natürlich haben Schüchterne den Vorteil, sich mehr Gedanken zu machen, bevor sie reden. Und es ist sicher auch wertvoll, einen Beobachter im Raum zu haben, der ein Problem manchmal besser beurteilen kann als andere, weil er eine ganzheitliche Sicht hat. Ja, auch dass schüchterne Menschen oft sehr empathisch sind, mag stimmen.

Aber weißt du was? Davon kannst du dir auch nichts kaufen, wenn du dir gleichzeitig vor Angst immer in die Hose machst und das Leben an dir vorbeiziehen lässt! Schüchternheit ist keine Entschuldigung dafür, unangenehme Situationen vermeiden »zu dürfen«, und sie löst bei vielen leider immer eine lähmende Angst aus, die sie liebend gern abschütteln würden.

Die gute Nachricht ist: Wenn man seine Schüchtenheit in den Griff bekommt, ist man immer noch jemand, der gern beobachtet und nachdenkt, bevor er redet. Darüber müssen wir uns keine Sorgen machen. Wir verändern schließlich nicht unsere Persönlichkeit, wir fangen nur an, unsere – oftmals sehr diffusen – sozialen Ängste aufzudröseln. Ich werde also nicht an der Oberfläche kratzen und dir 50 Tipps geben, mit denen du das Eis brechen kannst. Oder 50 Sätze, mit denen du richtig gut im Smalltalken wirst. Diverse Bücher habe ich gelesen, die alle nach diesem »Strickmuster« aufgebaut waren. Und keines davon hat mir geholfen. Was nützen mir 50 gute Gesprächseinstiege, wenn ich im entscheidenden Moment vor Nervosität alles vergesse?

EINLEITUNG

Ich habe in meinem Kampf gegen die Schüchternheit an anderer Stelle angesetzt, nämlich bei meinem Selbstbewusstsein. Ich musste erst einmal Herrin über meine eigenen Gefühle werden und herausfinden, woher meine Schüchternheit und der Rest meines inneren »Angstclubs« überhaupt kommen. Ja, du ahnst es vermutlich schon: Das war nicht gerade ein Spaziergang bei Sonnenschein. Ich musste metertief durch den Schlamm waten und in den Untiefen meines Selbst nach den Antworten tauchen, die ich brauchte. Du musst deine eigene Gefühlswelt kennen. Erst dann kannst du anfangen, an deinem Selbstwertgefühl zu arbeiten und die Schüchternheit in den Griff zu bekommen. Also hol besser schon mal deine Gummistiefel raus!

KLEINER SELBSTTEST

Dieser Schnelltest gibt dir einen Überblick über die kleinen und großen Qualen, die früher meinen Alltag bestimmt haben. Also, falls du bei den folgenden Situationen gequält aufstöhnst und innerlich »Ja!« schreist – dann verstehen wir beide uns prima, und du solltest auf jeden Fall weiterlesen. Vielleicht erkennst du dich hier selbst sehr gut wieder:

» Nervenbündel ist dein zweiter Vorname. Du wirst super nervös, wenn andere deine Meinung hören wollen. Es freut dich zwar, dass sich andere für dich interessieren, aber dass du plötzlich im Mittelpunkt des Geschehens stehst, löst bei dir sofort Hitzewallungen aus. Deine allerliebste Exit-Strategie? – Am besten immer sofort zur Toilette rennen! Das ist von anderen nicht infrage zu stellen.

» Du versuchst den ganzen Tag lang, dir vorzustellen, was andere wohl so denken. Egal, wer etwas zu dir sagt – fremd oder nicht fremd – jede Meinung ist dir äußerst wichtig, und du möchtest es am liebsten allen recht machen. Klar weißt du, dass das nicht geht, aber macht ja nix, du versuchst es einfach trotzdem. Komisch, am Ende bist du immer diejenige, die mit Schuldgefühlen zu kämpfen hat.

» Aus Angst vor einem Misserfolg probierst du so manches lieber gar nicht erst aus. Sicher ist sicher, und so kannst du schließlich nicht enttäuscht werden. Zur Eröffnungsparty des neuen Fashion-Stores gehen, dessen Eröffnung du kaum erwarten konntest? Lieber nicht, am Ende stehst du da an deinem Sekt nippend allein rum.

» Es kann schon einmal vorkommen, dass du beim Einkaufen Kollegen oder Bekannte »übersiehst«. Ganz einfach, weil du Panik davor hast, einen Small Talk mit ihnen beginnen zu müssen. Da vertiefst du dich doch lieber schnell in deine Einkaufsliste oder steckst deinen Kopf in die Tiefkühltruhe, um nach einer Tüte Spinat zu suchen.

» Es fällt dir schwer, du selbst zu sein, weil du Angst hast, andere könnten dich ablehnen oder sich über dich lustig machen.

» Du vergleichst dich oft mit anderen und denkst, dass ihnen alles viel leichter fällt als dir. Alle sind erfolgreicher, schöner, klüger und schlanker sowieso.

» Du kannst deine Gedanken nicht abstellen. Manchmal kannst du nachts nicht einschlafen, weil irgendwer etwas gesagt hat, das dich ununterbrochen vor die Frage stellt: »Wie hat er das gemeint? Bin ich schlecht? Wollte er mich aufziehen?« Du bist gefangen in deinem Gedankenkarussell.

» Nichts, was du tust, ist gut genug, und es macht dich rasend, wenn du das Gefühl hast, noch keine 100 Prozent erreicht zu haben. 100 Prozent? Ach was – lieber 150 Prozent! Du bist eine Perfektionistin, wie sie im Buche steht.

» Wenn dich einmal jemand lobt, weißt du gar nicht, was du tun sollst. Natürlich suchst du nach Anerkennung, wofür machst du das schließlich alles? Aber wenn es so weit ist, bist du völlig überfordert. Meistens spielst du deine Leistung sogar noch herunter: »Danke, aber das war ja gar nicht so wild. Nicht der Rede wert.«

» Du bist eigentlich sehr sensibel und vielleicht sogar nah am Wasser gebaut. Bei jedem Film kannst du heulen, aber in der Öffentlichkeit hat dich noch nie jemand Gefühle zeigen sehen.
» Wenn andere dich ansehen, vermutest du sofort, dass sie das nur tun, weil sie dich hässlich finden. Oder weil du mit Sicherheit noch Essensreste zwischen den Zähnen hast. Sollte jemand etwas Nettes über dein Aussehen sagen, nimmst du das nicht wirklich ernst. Es kommt selten vor, dass du dich in deiner eigenen Haut wirklich wohlfühlst.

Na, irgendwo wiedererkannt? Herzlichen Glückwunsch, dein Selbstwertgefühl ist quasi nicht vorhanden! Es liegt vermutlich weinend im Keller, während du es täglich mit Füßen trittst. Ich weiß genau, wie sich das anfühlt, und ich werde dir alles berichten, wie es mir letztendlich gelungen ist, meine Ziele trotz wiederkehrender Ängste zu erreichen. Ach ja, eins noch: Zwar handelt dieses Buch in erster Linie von schüchternen Frauen, aber du darfst natürlich auch gern weiterlesen, wenn du ein Mann bist!

DIESES BUCH IST NICHTS FÜR DICH, WENN...

... du der Meinung bist, es habe alles keinen Sinn und du jetzt akzeptieren müsstest, dass du für immer mit dieser Last allein sein wirst. Dann solltest du dieses Buch doch lieber schnell beiseitelegen. Denn ich bin jemand, der immer auf der Suche nach Neuem ist. Ich will, dass meine Gedanken frei sind von Zwängen. Ich will nicht von meinen Ängsten ferngesteuert werden, bis ich den Löffel abgebe. Es gibt so viele schöne Ausreden, mithilfe derer man sich vor seinen Problemen verstecken und die Verantwortung dafür dem Universum anlasten kann.

Zum Beispiel: »Ja, aber ich bin halt so, ich kann ja auch nichts dafür.«

Oder: »Wäre dieses und jenes damals nicht passiert, wäre ich heute ein ganz anderer Mensch.«

Na klar, hast du vielleicht traumatische Erlebnisse gehabt. Vielleicht war auch deine Kindheit schlimm. Und vermutlich hast du in manchen Bereichen auch schlechtere Karten ausgeteilt bekommen als andere. Ich weiß, dass sich das elend anfühlt. Aber was hilft's? Wir können uns unser ganzes Leben lang darüber unterhalten, was möglicherweise alles schieflief. Aber an der Zukunft ändert das herzlich wenig. Wir alle müssen hier und jetzt Verantwortung für unser Leben übernehmen, und die Wahrheit ist: Es gibt keine Lösung von außen. Wir müssen sie in uns selbst finden.

Wenn du glaubst, man sollte sich lieber mit den Gegebenheiten arrangieren, um keine weitere Energie zu verschwenden, dann ist dieses Buch nichts für dich. Ich habe nicht genug Kraft, dich davon zu überzeugen, dass es sich immer lohnt, seine inneren Ängste zu bezwingen.

Was ich auch nicht kann, ist, mit einer klinischen Einschätzung deiner Persönlichkeit um die Ecke zu kommen. Wenn du möchtest, sprich mit einem Therapeuten über deine Gefühle und Ängste. Alles, was ich kann und weiß, beruht auf meinen eigenen Erfahrungen, die ich mit dir teilen werde. Was du daraus machst, hast du selbst in der Hand.

Aber ich ich lade dich dazu ein, es genauso zu halten wie vor einem üppigen Büfett – nimm dir einfach all das, was dir schmeckt. Und davon, so viel du kannst. Ich gebe sehr viele Tipps und Techniken in diesem Buch an dich weiter, und ja, ich habe wirklich vieles durchprobiert. Nicht alles davon muss auch für dich funktionieren, und nicht alles, was ich über mich selbst preisgebe, ist dir ebenfalls so ergangen. Also fühl dich frei, querbeet zu lesen, vorwärts, rückwärts, seitwärts – Hauptsache, du gewinnst deine Freude daran zurück, wie schön es ist, Dinge auszuprobieren, vor denen du früher Angst hattest.

I. Kapitel

WIR, DIE **SCHÜCHTERNEN**

Welches Bild haben viele Menschen von uns Schüchternen?

≳

»IN DEN MÄRCHEN DER GEBRÜDER GRIMM KONNTEN FRAUEN VIELLEICHT NOCH MIT SCHÜCHTERNHEIT PUNKTEN, UND DORT WURDEN DIE LIEBEN, NETTEN UND ZURÜCKHALTENDEN MÄDCHEN NOCH VOM KÖNIGSSOHN AUF SEIN SCHLOSS GEFÜHRT UND GEEHELICHT. DIE HEUTIGEN VERFILMUNGEN DER MÄRCHEN WURDEN UNSERER ZEIT BEREITS ANGEPASST. DA WIRFT ASCHENPUTTEL DEN PRINZEN SCHON MAL VOM PFERD UND SAGT IHM ANSTÄNDIG DIE MEINUNG, WORAUF ER SICH DANN UNSTERBLICH IN SIE VERLIEBT. ANSTATT DER SCHÜCHTERNEN UND FLEISSIGEN GOLDMARIE WÜRDE DER MANN VON HEUTE SICH EHER FÜR DIE RAFFINIERTE UND MIT ALLEN WASSERN GEWASCHENE PECHMARIE ENTSCHEIDEN [...]«

≳

Das ist es also, ja? Schüchtern ist gleichbedeutend mit lieb und nett, aber total langweilig, farblos und prüde. Na, danke auch! Ich glaube, wir sind uns alle einig, dass der Verfasser dieses Zitats nicht wusste, was Schüchternheit ist. Aber dennoch verdeutlicht es sehr gut, mit welchen Fehleinschätzungen wir Schüchternen uns täglich herumschlagen müssen. Die scheue Hülle täuscht unser Umfeld stets darüber hinweg, was für spannende Persönlichkeiten sich dahinter verbergen. Das ist schon frustrierend. Aber noch schlimmer ist: Wir sind sogar selbst dran schuld.

Oben genanntes Zitat fand ich übrigens bei meinen Buchrecherchen in einem Forenthread der Partnervermittlung Elite Partner. Das Durchlesen der ganzen Kommentare war Eins-a-Unterhaltung, und ich lernte dabei einen spannenden Querschnitt vielfältigster Persönlichkeiten kennen. Wie Menschen das Attribut »schüchtern« einsetzen, ist extrem vielschichtig. Von der grauen Maus, die verängstigt in der Ecke sitzt, bis zur arroganten Eisprinzessin – alles war dabei, und alle diese Bezeichnungen habe ich auch schon selbst über mich gehört.

WAS BEDEUTET ES, SCHÜCHTERN ZU SEIN?

Von Schüchternheit kann man sprechen, wenn jemand sehr zurückhaltend ist, in der Öffentlichkeit kaum redet (wobei Öffentlichkeit bei mir mitunter auch bedeuten konnte, dass nur zwei weitere Personen anwesend sind), Probleme beim Knüpfen von Kontakten hat und sich in vielen Situationen sehr gehemmt und unsicher verhält. Schüchternen Personen fällt es oftmals schwer, sich anderen zu öffnen oder ihrem Gesprächspartner überhaupt nur in die Augen zu schauen.
Schüchternheit kann sich unterschiedlich äußern: Bei manchen Menschen tritt sie nur in ganz bestimmten Situationen auf, z. B. wenn sie vor vielen Menschen ihre Meinung äußern sollen. Bei anderen wiederum zeigt sich eine generelle Schüchternheit, die dafür sorgt, dass sie sich in beinahe jeder sozialen Umgebung furchtbar unsicher und ängstlich fühlen. Guess what! Ich gehörte natürlich zu den Letzteren.
Bei mir ging es so weit, dass ich sogar zu Hause sämtliche Türen schloss, damit man mich auf gar keinen Fall beim Arbeiten beobachten konnte. Und schon gar nicht beim Telefonieren! Das stellte mich vor größte emotionale Abgründe. Ich hatte solche Angst, mich zu versprechen, dass ich mir die irrsinnigsten Ausreden ausdachte, nur um nicht telefonieren zu müssen. Vollkommen klar, dass die Erfindung von SMS und WhatsApp meine Rettung war. Aber dummerweise sorgen geschriebene Botschaften sehr oft für Missverständnisse, sodass ich mich wohl oder übel doch ans Telefonieren gewöhnen musste.
Auch sehr witzig war mal eine Erfahrung bei der Post. Ich musste für die Eröffnung eines Kontos das Postident-Verfahren

durchführen und rannte mit meinem Ausweis zur Post. Was dann geschah, war der absolute Horror für mich: Das blöde Identifizierungsverfahren dauerte so lange (aka 5 Minuten, die sich aber wie 50 anfühlten), dass sich hinter mir eine Schlange aus genervten Kunden bildete. Ich dachte echt, die fressen mich gleich. Jede Sekunde spürte ich, wie mein Kopf immer röter und röter wurde.

STÄNDIGER RÜCKZUG IN DIE KOMFORTZONE

Die Komfortzone steht für das Umfeld, in dem wir uns sicher und geborgen fühlen. In dem wir ganz wir selbst sind. Je kleiner und enger meine eigene Komfortzone ist, desto schüchterner bin ich. Du ahnst es vielleicht schon: Meine Komfortzone war am Anfang ziemlich niedlich. Ich habe mich nur zu Hause und innerhalb des engsten Familienkreises wirklich wohl und verstanden gefühlt. Einzukaufen oder – ganz schlimm – auf Partys zu gehen, jagte mir eine Heidenangst ein. Interessanterweise war ich allein sogar oftmals noch mutiger als in Gesellschaft, da wusste ich wenigstens, dass mir keiner meine Bürde abnehmen würde. Und eigentlich war ich auch immer ein sehr freiheitsliebender, eigenständiger Mensch. Nur hat mich wirklich fast alles verunsichert. Bei jedem Schritt hatte ich das Gefühl, mich in einem Porzellanladen zu bewegen – eine falsche Drehung und mein Hinterteil erwischt das teure Meissener Tafelservice.
Bei den Kollegen und Freunden wirkte alles so einfach und unbeschwert, während für mich schon jedes Telefonat mit einem Kunden oder Zahnarzt/Friseur/Kundenservice (setz hier jede beliebige Variable ein) einer emotionalen Achterbahnfahrt glich. Kennst du das auch? Deine Kollegen fragen dich zum Beispiel, ob du noch eine Pizza mit ihnen essen gehen willst, und du freust dich wahnsinnig über diese Aufmerksamkeit. Aber

was machst du? Du lehnst dann doch lieber ab. Ist doch ganz klar: Du weißt schließlich gar nicht, wie du dich verhalten sollst. Viel zu viele unbekannte Faktoren! »Was muss ich denn da sagen? Ich kann doch gar keinen Small Talk führen.«, »Was ist, wenn die mich komisch finden?« Also holst du dir eine Pizza vom Lieblingsitaliener und setzt dich allein auf deine Couch, statt den Abend mit den Kollegen zu genießen. Ach ja: Du bestellst deine Pizza natürlich immer und ausschließlich online. Damit du mit niemandem sprechen musst, versteht sich.

Tja, so viel zum Thema Komfortzone. Diese Beispiele sind natürlich frei erfunden, und Ähnlichkeiten mit real existierenden Personen oder Situationen sind rein zufällig. Ähm. Nicht, dass ich so etwas jemals selbst erlebt hätte...

Und weil diese Komfortzone bei allen Menschen so unterschiedlich ausfällt, ist Schüchternheit ein sehr schwammiger Begriff. Jeder interpretiert dieses Wort für sich persönlich anders. Sprecheich über meine eigene Schüchternheit, meine ich damit eine Ansammlung sozialer Ängste, die ich überwinden muss, um Zugang zu meinem Umfeld zu erhalten. Schüchternheit kann nämlich in der Tat als eine Art Oberbegriff viele Ängste umfassen, die unter einem gemeinsamen Dach leben. Welche das sein können, erkläre ich gleich ausführlicher.

»ENTSCHULDIGUNG, KÖNNEN SIE MIR SAGEN, WO ICH DIE EIER FINDE?«

Erfahrungsbericht von Coralie

Endlich war es so weit: Meine erste eigene Wohnung! Nach dem ganzen Umzugsstress, als alle Möbel standen und die Elektrogeräte angeschlossen waren, musste auch der Kühlschrank gefüllt werden. Der erste Einkauf in der neuen Umgebung stellte sich dann jedoch als komplizierter heraus, als ich es mir eigentlich vorgestellt hatte.

Also rein in das Getümmel und los geht's! Punkt für Punkt hakte ich mental meine Einkaufsliste ab. Was brauchte ich noch fürs Sonntagsfrühstück? Eier! Okay, wo sind hier die Eier eingeordnet? Bei den Nudeln? An der Kühltheke? Nichts... Wo könnten diese blöden Eier noch untergebracht sein? Also noch einmal zum Anfang und Gang für Gang aufmerksam durchkämmen. NICHTS! Das darf doch wohl nicht wahr sein! Ich werde nicht auf mein Frühstücksei verzichten. Also gut, noch einmal überlegen und sich aufmerksam im Laden umschauen. Da! Eine Frau mit einer Eierschachtel unterm Arm. So und schon geht das Für und Wider im Kopf eines schüchternen Menschen los. Wie wichtig sind mir die Eier? Soll ich die Frau einfach ansprechen? Vielleicht ist sie unfreundlich. Vielleicht aber auch ganz nett. Wie soll ich sie denn ansprechen? Wie wäre es mit: »Wo haben Sie denn die Eier her?« Findet sie das dann lustig oder hält sie mich vielleicht für dumm? Ich überlegte mir, wie ich reagieren würde, wenn mir jemand diese Frage stellen würde. Ich schmunzelte, denn ich fände es eher lustig. Aber genau diese eine Frau wird mich höchst wahrscheinlich zerstückeln und zum Abendessen verspeisen. In der Zeit, in der ich die Wichtigkeit meines Frühstückeis infrage stellte, näherte sich die Frau mit den heiß begehrten Eiern der Kasse. Also: Jetzt oder nie! Überwinde ich meinen Schweinehund und gehe auf die Frau zu oder bleibe ich in meinem Schneckenhaus für alle Zeiten???

Man glaubt es kaum, aber für einen schüchternen Menschen sind solche Alltagssituationen teilweise schon eine echte Hürde. Ich meine, wer verlässt schon gerne seine Komfortzone? Da ist es doch so schön warm und vertraut. Aber ein schlauer Mensch sagte einmal: »Das richtige Leben beginnt außerhalb der Komfortzone.« Und nun war ich im richtigen Leben angelangt. Ich hatte meine erste eigene Wohnung und musste Verantwortung für mich selbst übernehmen.

Was ist denn schon ein Sonntagsfrühstück ohne Frühstücksei? Ich atmete einmal tief durch und marschierte auf die Frau mit der Eierschachtel zu. »Entschuldigung, können Sie mir sagen, wo ich die Eier finde?« Sie lächelte mich an und zeigte neben dem Gemüse auf eine Kiste, in der sich mein heiß ersehntes und zugleich auch noch hart erarbeitetes Frühstücksei befand. »Vielen Dank!«, ich drehte mich um, lächelte und tätschelte mir gedanklich selbst die Schulter. Gleichzeitig fragte ich mich, wie man dreimal an dieser Kiste vorbeilaufen konnte. Das war einfach wieder so typisch! Auch wenn es nur eine banale Situation war ... Ich hatte zumindest für einen Moment meine Komfortzone erfolgreich verlassen.

WELCHE URSACHEN HAT SCHÜCHTERNHEIT?

Jaja, die Kindheit mal wieder... Was denkst du selbst? Liegt die Ursache für deine Schüchternheit in deiner Kindheit? Und ist das schon alles oder gibt es auch noch andere Gründe?

Das sind spannende Fragen, die mich ebenfalls schon länger beschäftigen. Für mich war immer klar, dass meine Kindheit mit Sicherheit eine große Rolle für mein Schüchternsein gespielt hat. Meine Eltern sind keine lauten Persönlichkeiten. Sehr bescheiden, zurückhaltend und ruhig. Das Umfeld, in dem ich groß wurde, hat mich nie dazu animiert, das Bad in der Menge zu suchen (oder gar zu genießen, igitt!). Und das ist auch okay so. Meine Eltern haben mich einfach machen lassen. Wieso hätten sie mich zwingen sollen, in die Blockflöten-AG zu gehen oder in einen Sportverein einzutreten? Ich hatte nie Interesse daran.

Man kann sogar nachweisen, dass es für Schüchternheit körperliche Ursachen gibt. Einige Forscher gehen davon aus, dass Schüchternheit angeboren ist. So zeigt eine Studie des amerikanischen Psychologen Jerome Kagan, die 1989 begann und bis in das Erwachsenenalter der Studienteilnehmer fortgesetzt wurde, dass ein bestimmter Teil unseres Gehirns maßgeblich daran beteiligt ist, wie wir bereits im Säuglingsalter mit unbekannten Reizen umgehen. Er untersuchte Säuglinge und Kleinkinder und kam zu dem Ergebnis, dass viele von ihnen schon zum Zeitpunkt der Geburt eine übererregbare Amygdala (sogenanntes »Angstzentrum« des Hirns) aufwiesen[1].

Diese Hirnstruktur wird aufgrund ihres Aussehens auch Mandelkern genannt, ist wesentlich an der Entstehung von Angst beteiligt und spielt eine wichtige Rolle bei der Erkennung und Bewertung von Gefahrensituationen. Durch die leichte Erregbarkeit ihrer Amygdala reagierten die untersuchten Säuglinge bereits auf minimale Auslöser mit Furcht und Geschrei. Unbekannte, neue Situationen wirkten auf sie gleichermaßen beängstigend wie die Begegnung mit unvertrauten Menschen. Carl Schwartz, Kollege von Kagan, stellte in einer Nachuntersuchung fest, dass dieselben Kinder, die als gehemmt und ängstlich eingestuft wurden, auch im Alter von 18 Jahren noch ein schüchternes Verhalten zeigten. Der präfrontale Cortex – ein Teil des Frontallappens im Gehirn, verantwortlich unter anderem für Impulskontrolle und soziale Anpassung – wies bei leicht erregbaren Kindern eine andere Struktur auf als der von weniger erregbaren Kindern[2]. Das ist doch spannend! Vor allem angesichts dessen, dass mit fünf Jahren die Ausbildung des Selbstwertgefühls schon größtenteils abgeschlossen sein soll, und dass danach nur noch die Feinabstimmung erfolgt, die etwa bis zum 20. Lebensjahr andauert.

BLICK AUF DIE »SCHÜCHTERNHEITS-KULTUR« ANDERER LÄNDER

Genetische Veranlagung ist aber nur einer der Faktoren in dieser Gleichung. Da finden sich ja auch noch unsere Erziehung, die persönlichen Erlebnisse und unsere Kultur – denn bei Schüchternheit handelt es sich immer auch um antrainiertes Verhalten als Reaktion auf das jeweilige Umfeld. Und weil dies so interessant ist, machen wir nun einen kleinen Ausflug nach Japan und Israel:

In einem Artikel des Magazins »Psychology Today« beschrieb Schüchternheitsexperte Philip Zimbardo vor einiger Zeit, dass seine japanischen und taiwanesischen Studenten sich schüchterner zeigten als beispielsweise amerikanische Studenten[3]. Diese Beobachtung betraf nicht nur einzelne Personen, sondern es ließ sich tatsächlich ein Muster erkennen. Am meisten Selbstbewusstsein zeigten die Studenten jüdischer Herkunft. Hat die Kultur also einen Einfluss auf das Verhalten und die Entwicklung des Kindes? Um dieser Vermutung auf den Grund zu gehen, reiste Zimbardo nach Japan, Taiwan und Israel.

Seine Forschungen gewähren interessante Einblicke darüber, wie eine Kultur unser Verhalten – insbesondere bezogen auf Schüchternheit – formen kann. Der Schlüssel liegt in der Art und Weise, wie Eltern Schuld oder Lob für bestimmte Leistungen ihrer Kinder bewerten:

Wer bekommt die Schuld, wenn ein Kind bei einer Aufgabe versagt? Und wem werden die Erfolge zugeschrieben?

Während es in Japan verbreitet zu sein scheint, den Eltern, Großeltern oder dem Lehrer die Lorbeeren für den Erfolg des Kindes zuzuschreiben, geht das Kind leer aus. Wenn das Kind hingegen einen Misserfolg verzeichnet, geht dieser auf das Konto des Kindes – na super! Das Ergebnis ist eine Wesensart, in der es tunlichst vermieden wird, auch nur irgendwie aus der Menge herauszustechen. Ein japanisches Sprichwort lautet: »Deru kugi wa utareru.« »Ein Nagel, der heraussteht, wird eingeschlagen.«

Im Gegensatz dazu wird in Israel ein Kind, das sich bemüht, immer mit Anerkennung überschüttet. Und das unabhängig vom Ergebnis. Wenn ein Kind in einem kompetitiven Umfeld keinen Erfolg verzeichnet, ist trotzdem nicht das Kind schuld. Eher wird dem Lehrer die Schuld dafür gegeben, nicht ausreichend mit dem Kind geübt zu haben. Nun ja, damit machen es sich manche Eltern auch ein wenig zu leicht, aber dennoch: Wer in solch einem unterstützenden Umfeld groß wird, entwickelt ein besseres Selbstwertgefühl und hat weniger Angst vor eigenen Niederlagen. Er ist als Erwachsener eher geneigt, auch Risiken einzugehen, um seine Chancen zu nutzen und seine Ziele zu erreichen.

Und wie sieht es damit im deutschen Kulturraum aus? Ich würde die deutsche Kultur in diesem Punkt eher in die Nähe der japanischen rücken – allerdings in abgeschwächter Form. Ich habe oft das Gefühl, hier gilt die Devise: »Nicht gemeckert, ist genug gelobt.« Ich finde das sehr schade. Oft wird an Lob gespart, weil man die diffuse Angst hat, ein Kind könne durch ein Lob zu arrogant und überheblich werden. Ja klar, diese Gefahr ist so riesengroß, da lobt man besser gar nicht! Das geht mir wirklich auf den Keks. Man muss ja nun nicht gleich in Extreme verfallen. Ich persönlich glaube, dass ein Lob vielmehr die Leistungsbereitschaft verstärkt. Wer gelobt wird, freut sich und strengt sich beim nächsten Mal sogar an, etwas noch besser zu machen. Jedes Lob spornt uns an, lässt uns aufblühen und vor allem nicht emotional verkümmern. Natürlich hat auch konstruktive Kritik ihren Platz, aber ich glaube, das Kritisieren muss in Deutschland keiner mehr üben.

»ICH KANN DOCH AUCH NICHTS DAFÜR!«

Fällt dir was auf? Alle Faktoren – Veranlagung, Kindheit, persönliche Erlebnisse und kulturelle Einflüsse sind Faktoren, die wir uns nicht wirklich aussuchen können. Wir können also gar nichts für unsere Schüchternheit. So weit, so gut. Das heißt aber nicht, dass durch diese Gegebenheiten unser Schicksal besiegelt ist. Denn dann würdest du dieses Buch nicht lesen, und du wärst sicher nicht so unzufrieden mit dir. Die Frage nach den Ursachen der Schüchternheit ist keine Schuldfrage. Ja, es ist interessant und nützlich, die eigene Geschichte zu kennen. Aber: Was fängst du mit diesem Wissen an?

Ich habe es schon zu Beginn dieses Buches erwähnt, und ich werde nicht müde, es immer wieder zu sagen: Letztlich müssen wir alle selbst die Verantwortung für unser Leben übernehmen und unsere Ängste in den Griff bekommen, auch wenn manche Menschen vielleicht keinen Bilderbuchstart ins Leben hatten. Alle Eltern haben ihr Bestes gegeben, ihre Kinder großzuziehen. Sie haben selbstverständlich Fehler dabei gemacht, aber sie sind eben auch nur Menschen, die durch ihre eigene Kindheit und Lebenserfahrung geformt wurden. Und ob es nun um Eltern, Lehrer oder andere Bezugspersonen geht – keiner von ihnen kann dir die Verantwortung dafür abnehmen, deine Probleme hier und heute zu lösen. Rede nicht alles schlecht, was dir in deinem Leben passiert ist und was du dir anders vorgestellt hättest. Auch die negativen Lebenserfahrungen können uns positiv formen. So bleibt die entscheidende Frage: Wie spielen wir mit den Karten, die uns ausgeteilt wurden?

SCHÜCHTERNHEIT ODER PSYCHISCHE STÖRUNG?

Schüchtern und zurückhaltend zu sein ist etwas ganz Normales und keine psychische Störung. So steht es in vielen Ratgebern und Internetportalen. Puh, na, da sind wir ja alle beruhigt. Alle, die dachten, sie seien von einem anderen Stern und völlig kaputt im Kopf, dürfen also schon einmal aufatmen. Trotzdem: Für viele ist Schüchternheit eine unangenehme Eigenschaft, die das tägliche Leben stark einschränken kann. Ich meine, wie blöd ist es bitte, wenn alle deine Beziehungen zu anderen Menschen dadurch bestimmt werden, dass du schüchtern bist? So manche haben aufgrund ihrer Schüchternheit schon die Partner fürs Leben eingebüßt, und andere können sie dank ihrer Schüchternheit erst gar nicht finden. Das ist irgendwie nicht mehr lustig. Natürlich bleibt dir auch noch die Möglichkeit, zur crazy Katzenlady zu mutieren und haufenweise Vierbeiner um dich zu scharen. Katzen haben schließlich auch Charakter und sind immer für dich da. Solange du den Dosenöffner spielst. Überleg's dir.

Wenn die Angst vor Menschen und deren Ablehnung unüberwindbar groß wird und man sich kaum noch traut, unter Menschen zu gehen, verwenden viele Psychologen den Begriff »soziale Angststörung« oder »Sozialphobie«. Letztere tritt jedoch erst ab einem Alter auf, in dem man sich Gedanken zu machen beginnt, was andere über einen denken könnten. Meistens beginnt das während der Pubertät. Die Grenze zwischen Schüchternheit und einer sozialen Angststörung ist fließend, und alle Fälle sind unterschiedlich. Für dieses Buch ist diese Grenze zwischen Schüchternheit und Phobie unerheblich. Klar ist: Dein Zustand ist nicht unveränderlich, und auf mehr kommt es zunächst einmal nicht an. Wenn du dich für einen absoluten Härtefall hältst, kann es auch ratsam sein, mit einem Psychologen oder Therapeuten über die eigenen Empfindungen zu sprechen. Einen Versuch ist es bestimmt wert, wenn du das Gefühl hast, allein nicht weiterzukommen. Wie dem auch sei: Spätestens, wenn du an einem Punkt angekommen bist, an dem du unter deiner eigenen Ängstlichkeit so stark leidest, dass viele Situationen zu Stress und Überforderung führen, ist es Zeit, etwas zu ändern. Nichts gegen die eigenen Ängste zu unternehmen beeinträchtigt nicht nur das Wohlbefinden, sondern auch die weitere persönliche Entwicklung und erzeugt einen hohen Leidensdruck. Als abschreckendes Beispiel dafür, was passiert, wenn man sich von seinen Ängsten zu lange beherrschen lässt, kann ich an dieser Stelle wieder einmal dienen:

ÜBER DAS ENDE MEINER SCHULZEIT

Kleiner Spoiler: Die war schneller vorbei, als ich es geplant hatte. Von allen Türen, die mir meine Schüchternheit vor der Nase zugeknallt hat, war das eine der besonders schlimmen Erfahrungen, mit der ich jahrelang zu kämpfen hatte. Meine Schattenexistenz als Schüchterne erreichte kurz vor dem Abitur ihren Höhepunkt. In der Oberstufe häuften sich bei mir immer mehr Fehltage an. Diese von mir liebevoll als »Krankheitstage« bezeichneten Tage waren in Wahrheit einfach bloß Tage, an denen ich vor bestimmten Situationen im Unterricht solche Angst hatte, dass irgendwann nichts mehr ging. Auslöser dafür konnte zum Beispiel sein: ein Referat. Oder etwas viel Profaneres wie der Matheunterricht. Ich hasste Mathe. Natürlich weil ich vollkommen talentfrei war. Oder sagen wir besser: bin. An manchen Tagen fuhr ich einfach nach Hause, um meinem Mathelehrer nicht zu begegnen. Er war einer dieser Lehrer, die zu ihrem persönlichen Amüsement Schüler herausgriffen und sie vorführten. An der Tafel. Polynomdivision. Integralrechnung. Oder was auch immer, such dir was aus! Weißt du, es war für mich damals schon schlimm genug, überhaupt im Mittelpunkt zu stehen und die Augen von 25 Mitschülern im Rücken zu haben. Mich im Unterricht überhaupt zu melden fiel mir schon furchtbar schwer. Aber kläglich an einer Aufgabe zu scheitern, die andere im Raum im Schlaf bewältigen konnten, war für mich wie ein Gang durchs Feuer.

Ich schaffe es auch heute noch, exakt diese Panik nachzufühlen, die mich damals überkam, wenn ich an den Matheunterricht denke. Ich war klein, ängstlich, völlig nackt und ungeschützt – ich dachte, ich stehe in einem Raum voller hungriger Pitbulls, die nur auf einen Fehler von mir warteten. Mir wollte sicherlich keiner etwas Böses, aber so fühlte es sich für mich immer an, wenn mich Menschen in der Schule ansahen. Also ließ ich es irgendwann sein und blieb dem Unterricht fern. Auch 'ne Lösung, nicht wahr? Dummerweise aber keine gute. Mit meinen inzwischen knapp 30 Jahren bin ich nun um die Erfahrung reicher, dass Weglaufen das Problem auch nicht beseitigt. Damals bekam ich natürlich postwendend die Quittung für mein ängstliches Verhalten: erst schlechte Noten in den Klausuren und dann eine glatte Sechs im Zeugnis. Und das wenige Monate vorm Abi. Nach einigen schlaflosen Nächten unterbrach ich die Schule erst einmal und versuchte, mich zu sammeln. Sich selbst im Weg zu stehen? Hatte ich super drauf! Durch die Schüchternheit am Ende ohne Schulabschluss zu sein? Check! Am Ende des Schuljahrs versuchte ich noch einen Neustart an einer anderen Schule, um mein Abi nachzuholen. Ich wollte mir selbst beweisen, dass ich nicht zu dumm oder zu schwach war – aber ich war nervlich einfach im Eimer. Und über die Tatsache, wie schwer es für mich als Schüchterne sein würde, mit neuen Mitschülern noch einmal ganz von vorn anzufangen und völlig außen vor zu sein, hatte ich auch nicht ausreichend nachgedacht.

Schlussendlich suchte ich mir eine Ausbildung und wurde sogar recht schnell dort angenommen, wo ich immer hinwollte: in die Grafik eines Verlags. Du kannst dir sicher vorstellen, wie viele Steine mir vom Herzen fielen, als ich endlich ein neues Leben beginnen durfte. Eines, das ich mir selbst ausgesucht hatte und das meinen Fähigkeiten entsprach. Ich konnte meiner Arbeit nachgehen an einem Ort, an dem ich sein wollte und nicht musste.

WILLKOMMEN IN DER OPFERROLLE!

Das Abitur habe ich nie nachgeholt und auch Jahre dafür gebraucht, um endgültig darüber hinwegzukommen. Ich hatte mir mein Grab selbst geschaufelt und mich von meinen Ängsten treiben lassen. An dem Punkt merkte ich zum ersten Mal, dass mich meine Einstellung zu mir selbst schwach und willenlos gemacht hatte. Ich war nur noch ein Opfer meiner Umstände. Was andere von mir dachten – in dem Fall meine Klassenkameraden und der Lehrer, war von so zentraler Bedeutung für mich, dass ich mich selbst kaputtmachte und nur noch fremden Erwartungen hinterherlief. Ich ließ mich vom System überfahren, statt einen eigenen Weg zu finden, damit zurechtzukommen.
Dass die Schule vorbei ist und das Leben mehr zu bieten hat als den Drill eines Mathelehrers, wissen wir hoffentlich mittlerweile alle. Ja, es gibt etwas Schöneres als Schule, wer hätte das gedacht! Nur stellt sich die Frage: Haben sich damit alle Probleme in Luft aufgelöst? Leider nicht. Natürlich ist die Schule nicht das einzige Problem eines Schüchternen. Im Gegenteil: Die Erwartungen an einen Erwachsenen werden größer und somit auch die Probleme. Und so geht es munter weiter: Was ist zum Beispiel mit der Panik vorm Telefonieren? Ich konnte das jahrelang nicht. Ich war Weltklasse darin, mir Ausreden auszudenken, warum es besser sei, jemanden lieber nicht anzurufen. »Der ist bestimmt gar nicht da!«, »Der hat jetzt sicher gerade

einen Termin, da störe ich mal lieber nicht.«, »Ich glaube, ich habe ein wenig Halsweh, ich schreibe lieber 'ne Mail.«
Oder die Angst davor, in einem Geschäft um Hilfe zu bitten. Lieber zehnmal um den Kleiderständer zu schleichen und am Ende gefrustet den Laden zu verlassen, statt die Verkäuferin zu fragen – deren Aufgabe es ja sogar ist, dir zu helfen –, nicht wahr? Und das Problem mit dem Reden geht ja noch viel weiter: Wer sich nicht traut, Fremde anzusprechen, lernt in der Regel kaum neue Menschen kennen. Und so fällt es ihm womöglich auch schwer, einen Partner zu finden – sofern dieser nicht durch Zufall ihn findet. Aber auf etwas zu warten, bis man Schimmel ansetzt, macht halt auch keinen Spaß und tut mitunter sogar richtig weh.
Und was ist mit Einladungen von Bekannten? Gehst du hin oder sagst du lieber ab, weil du Angst hast, dass du dort niemanden zum Reden findest? Soll ich noch weitermachen? Ich glaube, das Dilemma ist immer dasselbe, egal, wie alt wir sind: Gesellschaft oder Einsamkeit? Kampf oder Rückzug? Mut oder Resignation?
Seien wir mal ehrlich: Wenn solche Banalitäten wie Telefonieren schon zum psychologischen Stresstest werden… tja, dann haben wir wirklich ein Problem! Sich so von seinen Ängsten vorführen zu lassen, ist schlichtweg ungesund. Das wusste ich. Und ich stellte mir häufig die Frage: »Wie willst du denn jemals im Job ernst genommen werden, wenn du nicht einmal telefonieren kannst?«
Ich habe mir die Kontrolle über meine Schüchternheit mittlerweile Schritt für Schritt erkämpft und daran gearbeitet, mich anderen zu öffnen. Das bedeutet zwar nicht, dass ich heute völlig ungehemmt und angstfrei bin, aber ich fühle mich wohl in meiner Haut und habe gelernt, mir selbst zu vertrauen. Das ist ein ganz neues Gefühl von Freiheit! Früher konnte man mich einfach umknicken wie einen kleinen Grashalm. Ich hatte keine

Energie, keine eigene Motivation und vor allem überhaupt keine Ahnung davon, was ich vom Leben eigentlich wollte. In meinem Kopf herrschte nur ein Vakuum, und ich schwamm im Raum-Zeit-Gefüge einfach mit. Was immer meine Umwelt von mir wollte, machte ich mit. Weil ich mich nicht traute, meine eigene Meinung mitzuteilen, rannte ich nur den Idealen anderer hinterher. Also ja, Schüchternheit kann ungesunde Ausmaße annehmen, und ich hatte mich mit meinem Verhalten definitiv an meine Grenzen gebracht.

»ICH HASSTE VERGLEICHE MIT ANDEREN KINDERN«

Erfahrungsbericht von Tina

Schon als Kind hatte ich große Angst vor Ablehnung und Kritik. Bevor ich etwas tat, wägte ich sorgfältig ab, versuchte zu vermeiden, mich dumm oder ungeschickt zu fühlen, weil es einen Jungen in meinem Umfeld gab, der mich immer klein machte und erniedrigte, wann immer er die Gelegenheit dazu hatte. Selten wurde ich gelobt für etwas, das ich gut konnte. Auch nicht in meiner Familie. Irgendwann dachte ich selbst sehr geringschätzig von mir und glaubte immer, die anderen dächten schlecht von mir. Nicht nur, weil dieser Junge alle Kinder gegen mich aufhetzte, sondern auch, weil ich einfach so wenig Selbstwertgefühl hatte, mich einfach minderwertig gegenüber anderen fühlte.

Ich hasste mich regelrecht für meine Schüchternheit und meine Ängste. Dabei hatte ich doch ein so reiches Innenleben, ich las sehr gern und konnte richtig in die Bücherwelten eintauchen, mir alles überaus gut vorstellen. Ich konnte mit fünf Jahren schon lesen und schreiben! Und dies nutzte ich schließlich auch – für mich! Ich hatte schon immer einen sehr ausgeprägten Sinn für schöne Dinge, für die Natur, für tiefe Gespräche und verträumte Menschen und Situationen. Ich bin sehr feinfühlig und gerechtigkeitsliebend und habe eine gute Beobachtungsgabe – schon seit Kindertagen. Es war wirklich nicht leicht, dies zu leben, denn mein Umfeld und auch die Lehrer haben mich immer gedrängt, doch »mehr aus mir herauszugehen, offener und aufgeschlossener zu sein«. Ich hasste Vergleiche mit anderen Kindern, wusste ich doch um die Einzigartigkeit jedes einzelnen Lebewesens – ob Mensch oder Tier.

Als ich in die Schule kam, musste sich also dringend etwas ändern, ich beschloss, dass ich stärker werden, meiner Körpergröße gerecht werden musste (ich war immer das größte oder zweitgrößte Mädchen in meiner jeweiligen Klasse). Und so übte ich vor dem Spiegel erst einmal, körperliche Präsenz zu zeigen. Damals war mein Vorbild Pippi Langstrumpf. Also stellte ich mich breitbeinig und mit den Händen in der Hüfte vor den Schminktisch meiner Mutter und übte Blickkontakt und einen sicheren Stand, um vor den anderen Kindern zu bestehen. Ich nahm mich an, wie ich nun mal war, denn wir alle sind auf unsere Art und Weise wunderbar. Und ich knüpfte Kontakte zu anderen Kindern, die mir ähnlich waren oder die ich auch gut in der Pause beschützen konnte. Ich lächelte alle an, die Nachbarn, den Briefträger, den Hausmeister der Schule, meine Lehrer usw. und übte mich im Plaudern. Ich trat einem Verein bei und spielte Handball und tanzte.

Und dann kam der entscheidende Tag: Ich wehrte mich gegen diesen fiesen Quälgeist, dem ich in der Schule schon längst weit überlegen war. Er wollte mich mal wieder erniedrigen und mich im Sommer in eine heiße Telefonzelle sperren ... Er versuchte es, und irgendwie stellte ich mir in Gedanken Pippi Langstrumpf vor und stieß ihn in die Telefonzelle. Leider hatte ich nicht genug Kraft, um die Tür länger zuzuhalten, und so gelang es ihm, zur

Hälfte wieder herauszuschlüpfen. Ich knallte ihm wütend die Tür an den Mund, und er verlor einen Zahn. Das tat mir sehr leid, aber er lachte nur und fing wieder an, mich zu beschimpfen – auf übelste Art und Weise. Dies machte mir aber nichts mehr aus, denn ich fühlte mich so stark wie lange nicht mehr. Sein Zahn stand nach vorne ab, war aber noch nicht ganz herausgefallen und seine Lippen schwollen immer mehr an... Den vorstehenden Zahn hat dieser Junge bzw. Mann heute immer noch.

Hier meine Tipps für Schüchterne:

» Lest stärkende und wertschätzende Bücher.
» Seid ihr selbst und seid stolz auf euch!
» Kinder und auch Erwachsene wollen gesehen und anerkannt werden, so wie sie sind. Seid ihr Eltern, wertschätzt eure Kinder und liebt sie, wie sie sind.
» Lebt euer Leben und vergleicht euch nicht mit anderen!
» Nehmt euch regelmäßig stille Auszeiten, in denen ihr Dinge tut, die ihr liebt oder auch einfach nur zur Ruhe kommt, ohne etwas zu tun.
» Übt euch bei abwertenden Gedanken in der Stopp-Technik: Sobald einer dieser miesen Gedanken auftaucht, sagt euch laut »Stopp!« und unterbrecht diesen Gedankengang. Dies kann auch in Symbolform geschehen, indem ihr euch einen Mülleimer vorstellt, in der ihr diesen negativen Gedanken werft. Nutzt die Bildsprache und eure Imagination!
» Angst wird nur dann weniger, wenn ich mich traue, dagegen etwas zu tun. Auch indem ich entspanne, kann keine ängstliche Anspannung auftreten, und ich laufe auch nicht vor meinen Ängsten weg, sondern stelle mich ihnen mutig – so wie Pippi Langstrumpf.
» Sammelt persönliche Glücksmomente und schreibt diese auf. Sammelt diese in einem besonders schönen Notizbuch oder in einem Glas und lest an nicht so tollen Tagen einen oder mehrere dieser schönen Momente nach.

» Falls ihr alleine nicht weiterkommt, sucht euch Unterstützung in der Familie, im Freundeskreis oder bei einem Coach oder Berater.
» Übt euch in Selbstliebe.
» Affirmiert positiv (z. B. »Ich bin in Ordnung und wertvoll, so wie ich bin«) und denkt nicht schlecht über euch.
» Ignoriert Menschen, die euch klein machen oder erniedrigen.

DER FEINE UNTERSCHIED: SCHÜCHTERNHEIT VS. INTROVERSION

Schüchternheit und Introversion sind absolut nicht dasselbe, das muss ich an dieser Stelle einmal klarstellen! Menschen, die selbst nicht schüchtern oder introvertiert sind, neigen dazu, diese Begrifflichkeiten in einen Topf zu werfen. Ich habe reichlich introvertierte Freunde, die gar nicht schüchtern sind und fast einen Anfall bekommen, wenn sie wieder mal jemand als schüchtern bezeichnet. Sie empfinden das als Beleidigung.

Da es sich bei Schüchternheit um eine tiefliegende Furcht vor Ablehnung oder Demütigung durch andere handelt, kann man sagen, dass Schüchternheit mit Schmerz verbunden ist. Während der Begriff Schüchternheit also eine ängstliche Haltung anderen Menschen gegenüber beschreibt, ist Introversion ein Temperament und hat rein gar nichts mit inneren Ängsten zu tun.

Der feine Unterschied lässt sich in etwa so beschreiben: Introvertierte Menschen haben keine sozialen Ängste (es sei denn, sie sind zusätzlich auch noch schüchtern). Introversion und Extraversion sind zwei verschiedene Persönlichkeitsmerkmale. Es gibt braune Kühe und schwarze Kühe. Kleine Fische und große Fische. Schnelle Tiere und langsame Tiere. Es sind einfach bloß

Charaktermerkmale, mehr nicht. Sie sagen nichts über Ängste und Wünsche aus.

Während introvertierte Menschen ihre Energie eher aus ihrem Innenleben beziehen, schöpfen extrovertierte Charaktere ihre Energie aus sozialen Interaktionen mit anderen. Sie können ihre Akkus super aufladen, wenn andere um sie herum sind. Ein introvertierter Mensch braucht viel Zeit für sich selbst, um das Erlebte zu verarbeiten. Häufig werden Introvertierte als ruhig und zurückhaltend beschrieben, und sie verbringen ihre Zeit gern allein oder in kleineren Gruppen. Bei extrovertierten Persönlichkeiten nimmt man eine ganz andere Energie wahr: Sie sind häufig in größeren Gruppen sehr gesellig, enthusiastisch und abenteuerlustig.

Aber auch hier gilt wie so oft: Es gibt nicht nur schwarz oder weiß. Diese beiden Charaktermerkmale können ganz unterschiedlich stark ausgeprägt sein, und bei manchen Menschen lässt sich vielleicht nicht einmal genau erkennen, ob sie nun introvertiert oder extrovertiert sind.

EXTROVERTIERTE SCHÜCHTERNE – EIN WIDERSPRUCH?

Die Schüchternheit als solche ist veränderbar; wir können lernen, mit unseren Ängsten umzugehen. Introversion und Extraversion hingegen nicht. Meine Neigung zur Zurückgezogenheit (= Introversion) wird dennoch bleiben, denn sie ist ein existenzielles Bedürfnis, wie wir eben gesehen haben. Ob man introvertiert oder extrovertiert ist, sagt also wenig darüber aus, ob jemand eine übertriebene soziale Angst hat. Das heißt also: Nicht alle Schüchternen sind introvertiert. Und nicht alle Introvertierten sind schüchtern. Schüchternheit kommt bei allen Charakteren vor, egal ob introvertiert oder extrovertiert.

Ich gehöre zu den introvertierten Menschen, bin aber zusätzlich auch noch schüchtern. Auch wenn ich als Introvertierte nicht unbedingt scharf darauf bin, mich dauernd mit anderen zu umgeben, lebe ich nicht wie ein Einsiedler. Ich bin gern mit anderen zusammen, nur nicht in großen Runden. Und ich kann reden wie ein Wasserfall, aber niemals vor einem großen Publikum. Es wird ja gern behauptet, dass Introvertierte eigentlich gar keine Kontakte wollen und keinen Wert auf den Austausch mit anderen legen. So nach dem Motto: »Aber natürlich möchte ich deine Freundin sein. Ich möchte dich nur einfach nie treffen oder mit dir reden.«

Also bitte, nur weil ich introvertiert bin, will ich nicht gleich allein in einer einsamen Waldhütte wohnen und niemanden sehen. Die müsste schon wirklich verdammt gutes Internet haben, diese Waldhütte! Aber Spaß beiseite, ich halte fest: Auch Introvertierte sehnen sich danach, Gleichgesinnte kennenzulernen, wenn auch nicht in dem Umfang, wie es Extrovertierte benötigen, um sich wohlzufühlen. Dass ich zusätzlich auch noch Angst davor hatte, mich anderen zu öffnen, ist die schüchterne Komponente in mir.

Bei meinem Mann sieht es anders aus: Schüchternheit ist ihm fremd. Aber er ist sehr wohl introvertiert. Er bleibt gern für sich und braucht nicht permanent Menschen um sich, obwohl er auch in größeren Gruppen sehr gut zurechtkommt und ein sehr guter Zuhörer ist. Small Talk mag er nicht besonders, aber er beherrscht ihn unglaublich gut. Gleichzeitig ist ihm völlig egal, was andere von ihm denken, und er kann sich gut abgrenzen. Er äußert ohne Angst seine Meinung und spricht im Zweifelsfall auch unbeliebte Wahrheiten aus. Wenn nötig, auch mit deutlichen Worten. Mein absoluter Lieblingssatz von ihm:

Der feine Unterschied: Schüchternheit vs. Introversion

≋

»ICH LEBE DIE NÄCHSTEN 36 JAHRE BESTIMMT NICHT NOCH MAL SO WIE DIE LETZTEN UND VERBIEGE MICH NICHT MEHR FÜR ANDERE. ICH MACHE JETZT NUR NOCH, WAS MIR GUTTUT!«

≋

Daran hat er sich bisher gehalten. Und sind wir mal ehrlich: Diese Haltung macht uns schon irgendwie neidisch, oder? Gutes Beispiel also für einen nicht schüchternen Introvertierten.
Dann wären da noch die schüchternen Extrovertierten. Klingt vielleicht seltsam, aber es gibt sie. Auch Extrovertierte können Hemmungen beim Umgang mit anderen Menschen haben. Sie agieren zwar unheimlich offen und kontaktfreudig, wenn sie unter Menschen sind, aber das muss nicht bedeuten, dass sie selbstsicher und angstfrei sind.
Schüchterne Extrovertierte hören häufig den Satz: »Du und schüchtern? Das hätte ich nie vermutet!« Sie hinterlassen einen so geschickten Eindruck bei allen sozialen Anlässen, dass ihnen niemand zutraut, dass sie mitunter sehr an sich zweifeln und ständig Angst davor haben, andere zu verletzen oder selbst verletzt zu werden.
Es gibt sogar eine Menge Schauspieler, die sich selbst als schüchtern bezeichnen. Faszinierend, nicht wahr? Wie kann jemand, der im Rampenlicht steht und in Filmen die selbstsichersten Rollen spielt, schüchtern sein? Die Schauspielerin Eva Green – zu sehen als Bondgirl in Casino Royale – sagt von sich selbst, dass sie kein Problem damit hat, sich vor der Kamera auszuziehen. Im »echten« Leben aber ist sie super schüchtern.
Ich hatte auch einmal eine extrovertierte Freundin, die sehr schüchtern und unsicher war. Sie war einerseits diejenige, die dafür sorgte, dass ihre Familie zusammenhielt und sich regelmäßig traf. Sie vereinte sie, trommelte alle zusammen und stellte mit großem Enthusiasmus Aktivitäten auf die Beine. Das bau-

te sie auf und verlieh ihr neue Energie. Sie war sozusagen das soziale Gewissen der ganzen Familie, auf der anderen Seite sehr unsicher im Kontakt mit anderen. Sie zerbrach sich ewig den Kopf darüber, was man jemanden fragen durfte, oder ob sie zu aufdringlich war. Besonders auffällig war immer, dass sie sich alle 30 Sekunden für irgendwelche Nichtigkeiten entschuldigte: »Entschuldige, ich wollte dich keinesfalls verletzen.«, »Entschuldige, dass ich das frage, aber...« Und so weiter und so weiter. »Entschuldige, dass ich atme.« Du siehst also: Wir Schüchternen kommen in allen Formen und Farben daher. Bei jedem äußert sich diese Eigenschaft anders, und keiner von uns lässt sich so leicht in eine Schublade stecken – auch wenn das leider viel zu häufig vorkommt.

MACHT SCHÜCHTERNHEIT EGOZENTRISCH?

Jetzt, da wir herausgefunden haben, was Schüchternheit eigentlich bedeutet und wie sie sich äußert, drängt sich die Frage auf: Sind schüchterne Menschen eigentlich egozentrisch? Zugegeben, jemand, der ständig damit beschäftigt ist, darüber nachzudenken, wie er bei anderen ankommt, hat eine ichzentrierte Sicht auf die Welt. Es geht immer wieder um dieselben Fragen:

» Wie benehme ich mich gerade?
» Wie sehe ich aus?
» Mache ich mich gerade lächerlich?
» Was denken die anderen von mir?
» Finden mich jetzt alle dumm?

Ich, ich, ich. Das lässt sich schlecht wegdiskutieren. Die eigene innere Sichtweise hat einen so unverhältnismäßig hohen Stellenwert, dass die Realität da draußen nur schwer gegen diese

»innere Realität« ankommt. Früher habe ich oft den Satz gehört: »Jetzt nimm dich nicht so wichtig, es dreht sich nicht immer alles um dich!« Bäm! Das hat mich sehr verletzt, denn das wollte ich ja genau vermeiden. Schließlich wollte ich allen gefallen. So geht es mit Sicherheit vielen Schüchternen: Sie sind so fixiert auf ihre Wirkung auf andere, dass sie es übertreiben und am Ende tatsächlich einen ihrer gefürchteten Fehler machen. Selbsterfüllende Prophezeiung nennt man das, und leider kenne ich mich auch damit wieder bestens aus: Wenn meine Sorge anzuecken oder etwas Falsches zu sagen, so groß war, dass ich mich gar nicht mehr auf die Bedürfnisse anderer konzentrieren konnte, wie hoch war da wohl die Gefahr, wirklich etwas Falsches zu sagen oder einfach nur herumzustammeln? Genau: hoch. Irgendwann geht man anderen Menschen außerdem mit seinen hundert Ängsten und der allgegenwärtigen Panik auf den Keks.

Wenn man ohnehin schon leicht zu verunsichern ist und wenig Selbstachtung besitzt, ist es natürlich auch nicht so clever, einem schüchternen Menschen Egozentrik vorzuwerfen. Trotzdem muss ich wohl anerkennen, dass darin ein gewisser Wahrheitsgehalt steckt. Auch andere haben die Aufmerksamkeit verdient, die wir Schüchternen uns so sehr wünschen. Immer nur im eigenen Kopf festzustecken ist traurig, denn Schüchterne sind eigentlich sehr gute Zuhörer, und das wiederum zeugt von einer hohen emotionalen Intelligenz. Wenn man sich allerdings nur mit seinen eigenen quälenden Gedanken befasst, kommt man gar nicht dazu, diese Stärken einmal einzusetzen.

≋

»VIEL KÄLTE IST UNTER DEN MENSCHEN, WEIL WIR NICHT WAGEN, UNS SO HERZLICH ZU GEBEN, WIE WIR SIND«

Albert Schweitzer

≋

GUTE GRÜNDE, ETWAS AN SICH ZU ÄNDERN

Mein größter Antrieb, etwas an mir zu ändern, ist übrigens genau dieser Grund: Ich möchte anderen etwas von mir geben. Wenn ich schüchtern bleibe, bin ich immer nur das arme Opfer, das selbst Hilfe braucht. Das will ich einfach nicht. Ich möchte eine gute Zuhörerin sein, Mitgefühl zeigen, auf andere eingehen und ihnen helfen. Es ist ein schönes Gefühl, anderen helfen zu können. Das war neben einigen anderen auch einer der Gründe, warum ich Vanilla Mind gestartet habe. Ich wollte keinen Lifestyleblog, in dem es den ganzen Tag nur um Mode, Einrichtung, Reisen oder sonst was geht. Nur dass du mich richtig verstehst: Ich liebe diese Themen und interessiere mich sehr dafür! Es gibt viele einzigartige Bloggerinnen, die ich bewundere und die mich täglich inspirieren. Aber mein Drive ist ein anderer. Ich liebe es, wenn wildfremde Frauen mir schreiben: »Liebe Melina, ich habe das Gefühl, dass du diesen Artikel nur für mich geschrieben hast. Danke dafür!« Wenn ich solche E-Mails bekomme, ist das für mich völlig surreal. Es ist ein unglaubliches Gefühl zu wissen, dass man jemandem zur richtigen Zeit einen kleinen Schubs in die richtige Richtung geben konnte und dass man plötzlich eine Verbindung zu wildfremden Menschen hat!

Meine Eltern haben mir immer beigebracht, wie wichtig Nächstenliebe ist, und sie sind ein großes Vorbild für mich! Sie nutzen ihre Fähigkeiten, um anderen zu helfen. Ich hingegen scheine irgendwie ein Gegenexemplar zu sein: Zwar immer höflich, aber verschlossen und mitunter ein bisschen trampelig, wenn es darum geht, anderen ein Gefühl von Geborgenheit und Anteilnahme zu vermitteln. Durch meine Schüchternheit und die Angst, sich verletzlich und sensibel zu zeigen, wirke ich im ersten Moment kühl und unnahbar. Es ist mir wichtig, daran etwas zu ändern. Nur für sich selbst zu leben und nur seine eigenen

Ziele zu verfolgen, macht nicht glücklich. Sich für andere einsetzen kann man aber nur dann, wenn man mit sich selbst im Reinen ist! Großes Ausrufezeichen! Die Wahrheit ist also: Wenn ich mein halbes Leben lang damit beschäftigt bin, mir selbst einzureden, wie dumm und schlecht ich bin, habe ich logischerweise wenig Energie für andere übrig. Und das ist durchaus ein Zeichen von Egozentrik.

Bekomm dein Innenleben auf die Reihe, damit du etwas bewegen kannst! Wir sind dafür gemacht, mit anderen zusammenzuarbeiten und uns gegenseitig zu helfen und beizustehen. Ich wollte das immer und habe es mir so sehr gewünscht, aber meine Angst war oftmals um so vieles größer als ich. Die Angst, mich von meiner weichen, sensiblen Seite zu zeigen und auf andere einzugehen, hat mich dazu angetrieben, mich wie das glatte Gegenteil zu verhalten: die kalte Prinzessin, die sich in ihrem Schloss einsperrt und andere abweist.

Wie oft habe ich im Alltag bemerkt, wie ich mir andauernd selbst im Weg stehe! Die Liste meiner verpassten Chancen kommt mir endlos vor, und klar, das nervt total. Wenn man schüchtern ist, prägt das jede Beziehung, die man in seinem ganzen Leben hatte, hat und je haben wird. Das kann ich für mich einfach nicht hinnehmen. Ständig unter seinen eigenen Möglichkeiten zu leben, ist unendlich frustrierend. Du erfährst nie, wozu du eigentlich in der Lage bist, und andere erfahren es auch nicht. Das ist doch bescheuert! Und absolut unnötig.

Tony Robbins, der Bill Clinton und viele andere spannende Persönlichkeiten coachte, sagte einmal: »Stay in your head, you are dead.« Das hört sich schon beinahe einfältig an, ist aber so was von wahr. Solange wir in unseren eigenen Köpfen feststecken und nur unserer »inneren Realität« vertrauen, sind wir zum Scheitern verurteilt. Als Schüchterner geht man immer davon aus, dass die eigene Meinung über sich selbst die wahre ist. »Ich bin so dumm / tollpatschig / hässlich / komisch / unprofessionell – alle werden mich auslachen.« Man kommt gar nicht auf die Idee, dass andere einen ganz anders wahrnehmen könnten.

Jetzt kennst du mein Warum, aber was ist deins? Warum möchtest du nicht länger von deinen Ängsten beherrscht werden? Welcher Wert liegt darin für dich? Was würdest du alles gern tun, wenn du nicht schüchtern wärst? Am besten schreibst du die Antworten auf, denn dadurch gibst du negativen Gedanken wenig Raum, deine Pläne und Wünsche gleich wieder für nichtig zu erklären. Mir hilft es immer sehr, meine Gedanken schriftlich festzuhalten.

2. Kapitel

DIE SCHÜCHTERNHEIT
UND IHRE »BEGLEITER«

Es gibt eine Reihe von Verhaltensweisen bzw. persönliche Eigenschaften, die wir auf den ersten Blick nicht mit dem Begriff Schüchternheit in Verbindung bringen, die aber eng mit ihr verwandt sind, weil sie sich aus denselben Ängsten speisen. Nicht wenige Schüchterne sind beispielsweise ausgesprochene Kontrollfreaks oder Perfektionisten. Sie streben nach Sicherheit und Kontrolle und flüchten sich dabei in einen übertriebenen Drang nach Vollkommenheit – aus Angst davor, verletzt zu werden, wenn sie aus sich herausgehen und sich ihren Mitmenschen offenbaren.

Aber warum reagiert die Psyche auf eine solche Weise? Unser Unterbewusstsein ist sehr clever: Es hat all unsere Erinnerungen gespeichert. Sie mögen dir zwar nicht mehr präsent sein, aber dein Unterbewusstsein weiß noch genau, wann dir etwas widerfahren ist, das dein Weltbild vielleicht verändert hat oder wann du einmal von jemandem enttäuscht wurdest. Und dann baut es sich hervorragende Schutzmechanismen auf, um dich in Zukunft vor erneuten Enttäuschungen dieser Art zu bewahren.

Als Kind spielte ich sehr gern mit diesen bunt bemalten, russischen Matrjoschka-Puppen, die man ineinanderschachteln kann. Kennst du sie? Machst du eine davon auf, triffst du gleich auf eine nächstkleinere. So ähnlich fühlt es sich auch mit den inneren Ängsten an. Du packst eine an und hast plötzlich das Gefühl, dass sie noch viele weitere mit sich bringen wird! Das heißt: Damit wir lernen können, unsere Schüchternheit zu kontrollieren, müssen wir uns erst einmal bewusst machen, welches Ausmaß sie innehat und wie stark sie unser Leben beherrscht. Wie bei den Matrjoschka-Puppen wollen wir eine Angst nach der anderen hervorholen bzw. sie uns genauer ansehen. Und dabei werden wir auf eine Reihe von Verhaltensweisen und Persönlichkeitsmerkmalen stoßen, die möglicherweise mit deiner Schüchternheit zusammenhängen, unter anderem den Perfektionismus, das sogenannte Schwarz-Weiß-Denken oder auch die Hochsensibilität.

Nicht alles, was ich beschreiben werde, wird auch auf dich zutreffen. Wir leben ja alle ganz unterschiedlich, deshalb lässt sich kaum etwas verallgemeinern. Aber es finden sich durchaus Schnittmengen. Fühl dich so frei, einfach in diesem Buch weiterzublättern, wenn du dich bei einer dargestellten Verhaltensweise oder Eigenschaft nicht angesprochen fühlst.

Frag dich aber dennoch ganz bewusst: In welcher Hinsicht könnte dieser Punkt auf mich zutreffen? Haben andere schon einmal Verhaltensmuster wie diese bei mir erkannt und mich darauf hingewiesen? Ich weiß von mir selbst, dass man über manches auch einfach gern hinweggeht, weil man nicht ehrlich genug mit sich selbst sein kann oder will.

WIE SICH PERFEKTIONISMUS AUSWIRKT

Oh, wie ich dieses Thema liebe! Und gleichzeitig hasse. Gestatten: Der Perfektionismus ist einer dieser Schutzmechanismen, die unser Unterbewusstsein einsetzt, damit wir uns als Schüchterne besser fühlen. Das unerbittliche Streben nach Perfektion ist zum Beispiel die Antwort auf meine tief verwurzelte Angst: Ich fürchte mich vor Beurteilung und Kritik durch andere. Also darf ich keine Fehler machen. Darum versuchte ich, in allem so perfekt wie nur möglich zu sein. Ich wollte und brauchte Sicherheit, damit niemand mir an den Karren fahren konnte. Und aus Angst, bei anderen anzuecken oder etwas Falsches zu sagen, sagte ich lieber gar nichts. Diese Abhängigkeit von der Meinung anderer und die Angst vor Kritik machten also einen schüchternen Menschen aus mir. Der Glaubenssatz »Ich darf keinen Fehler machen« ist in meiner Welt eine unumstößliche Wahrheit gewesen. Ein Glaubenssatz ist eine Überzeugung, die man nie infrage stellt und nach der man sich in allen Lebensbereichen ausrichtet.

Bréne Brown schreibt in ihrem Buch »Die Gaben der Unvollkommenheit«[4]:

»BEI PERFEKTIONISMUS GEHT ES NICHT UM EINE GESUNDE LEISTUNG ODER GESUNDES WACHSTUM. PERFEKTIONISMUS IST DIE ÜBERZEUGUNG, DASS WIR, WENN WIR PERFEKT LEBEN, PERFEKT AUSSEHEN UND PERFEKT HANDELN, DEN SCHMERZ VON SCHULDZUWEISUNGEN, VERURTEILUNGEN UND SCHAM VERRINGERN ODER VERMEIDEN KÖNNEN.«

Genauso ist es. Perfektion ist das Versprechen unseres Unterbewusstseins, dass wir – wenn wir uns nur genügend anstrengen – Schmerz und allen anderen negativen Gefühlen aus dem Weg gehen können. Es ist ein Vermeidungsverhalten. Wenn wir unsere Arbeit möglichst perfekt machen, werden wir niemals kritisiert werden, und wenn wir über die Maßen toll aussehen, wird jeder unser Freund sein wollen.

Aber weit gefehlt! Ich kann mich an zahlreiche Situationen erinnern, in denen mir mein Perfektionismus das Leben eher zur Hölle gemacht hat, statt mir Frust zu ersparen. Die permanenten Selbstzweifel, die damit verbunden sind, kosten einen den letzten Nerv: »Habe ich diesen Satz perfekt genug formuliert?«, »Wie sehe ich gerade aus?«, »Bin ich auch schön genug?«, »Hilfe, ich sehe bestimmt gerade total scheußlich aus!«

Permanent in dieser Dauerschleife von Selbstkritik festzuhängen, hat wirklich nichts Erstrebenswertes an sich. Und à propos scheußlich: Überraschend viele Schüchterne und Perfektionisten finden sich selbst abstoßend hässlich. Ganz objektiv von außen betrachtet sehen sie klasse aus, aber eine laute Stimme in ihnen erzählt ihnen den ganzen Tag lang, sie seien fett und unattraktiv. Ich habe viele wunderschöne Frauen in meinem Bekanntenkreis. Sie sind klug, witzig und attraktiv. Und selbst wenn man nicht aussieht wie eine Hollywood-Schönheit: Menschen, die lachen und Freude ausstrahlen, sind immer anziehend! Aber ihre innere Stimme will ihnen das Gegenteil eintrichtern. So geht es vielen Frauen: Dank unserer selektiven Wahrnehmung und der unerschütterlichen Weigerung, die eigenen Vorzüge wahrzunehmen, halten wir uns für hässliche alte Schabracken.

Ich kann mich auch an keine Zeit in den vergangenen Jahren erinnern, in der meine Mama mal keine Diät gemacht hätte. Immer waren in ihren eigenen Augen irgendwo zwei bis drei Kilo zu viel. Ich sag's dir, meine Mama sieht top aus! Mit ihren fast 56 Jahren wirkt sie wie Anfang 40. Sie hat immer einen strahlenden, glatten Teint und fast keine Falte im Gesicht.

Und vielleicht kennst du auch folgendes Drama aus deinem eigenen Alltag: Ich stand beim Blick in meinen Kleiderschrank mitunter kurz vorm Nervenzusammenbruch. Ich konnte mich ungelogen 20-mal umziehen, blieb irgendwann völlig entnervt in Unterwäsche auf dem Bett liegen und hätte am liebsten bloß geheult. Wäre lieber einfach zu Hause geblieben. Für alles empfand ich mich als zu hässlich, zu fett, zu unvorteilhaft, zu *unperfekt*. Ein ganzer Schrank voller Nichts zum Anziehen.

Natürlich weiß ich, dass das total bescheuert klingt. Und das ist es auch! Eine erwachsene Frau, die schon damit überfordert ist, sich anzuziehen und heulend wie ein Kleinkind auf dem Bett liegt. Nein danke. Und anderen ist es auch so herzlich egal, wie du oder ich aussehen. Mein Mann findet mich ohne Schminke und in Jogginghosen am attraktivsten, nicht in meiner optimierten Version mit dramatischem Lippenstift und High Heels. Lange Zeit habe ich das nur völlig befremdet zur Kenntnis genommen und ihn insgeheim für verrückt erklärt. Ich konnte nicht einmal dem DHL-Mann die Haustür öffnen, wenn ich nicht geschminkt war. Und damit meine ich selbstverständlich die Komplettversion mit Highlighter, Bronzer und Lippenstift. Die simple Wahrheit ist aber, dass man, »so wie man ist«, echt und liebenswert ist. Allein die Tatsache, sich selbst zu akzeptieren, wie man ist, macht schön. Wer hat ein Regelbuch dafür herausgegeben, wie man »richtig« aussieht? Die »Vogue«? Na super, aber wenn ich da mithalte, werde ich auch nicht mehr für das geliebt, was ich bin. Ich habe keine Lust mehr auf dieses Affentheater. Entweder mache ich das für mich selbst oder lasse es ganz.

Oft höre ich den Satz: »Ach, ich bin Perfektionistin, ich kann nichts dafür.« Es ist wie eine Art Zertifikat oder Auszeichnung, die man sich wünscht und andere sollen doch bitte, bitte merken, wie sehr wir uns Mühe geben, alles richtig zu machen. »Du bist wohl eine Perfektionistin« ist nicht unbedingt ein Kompliment! Frag dich lieber beim nächsten Mal, wie die Person wohl zu dieser Aussage kommt.

Perfektion bedeutet, dass etwas nicht mehr verbessert werden kann. Du gibst dich der Illusion hin, über alle Lebensbereiche stets die Kontrolle zu haben und immer 100 Prozent erreichen zu können. Das Problem ist aber, du wirst dein Ziel nie erreichen, weil du gar nicht festgelegt hast, an welchem Punkt diese angeblichen 100 Prozent erreicht sind. Du kannst eigentlich gar nicht aufhören, denn egal, wo du gerade stehst, bist du dir sicher, dass du definitiv immer noch nicht gut genug bist. Das kann aber gravierende Folgen nach sich ziehen: Dein Selbstwertgefühl wird kleiner und kleiner. Durch den ständigen Erfolgsdruck fühlst du dich pausenlos überfordert und erschöpft. Und wenn du dort erst einmal angekommen bist, sind folgende Krankheitsbilder auch nicht mehr weit: Zwangsstörungen, Schlafstörungen, Migräne, Burn-out, Depressionen und in manchen Fällen sogar eine Essstörung. Und auch die Menschen in deinem Umfeld fühlen sich irgendwann schlecht, denn sie können deinen Ansprüchen niemals genügen. Wer will schon »Little Miss Perfect«, neben der man sich immer klein und nichtig fühlt, weil sie nie Fehler macht? Wie paradox das doch ist, wo man ja eben deshalb möglichst perfekt sein wollte, damit einen andere lieber mögen!

PERFEKTIONISTEN UND NIEDERLAGEN – DER SUPER-GAU

Was passiert denn eigentlich, wenn einem Perfektionisten doch mal ein Fehler unterläuft? Dann ist Holland in Not, das kann ich dir aber sagen. Und diesen ach so gefürchteten Fehler machst du hin und wieder einfach, denn so ist das nun einmal im Leben. Perfektionisten können mit Niederlagen nämlich ungefähr so gut umgehen wie meine Uroma mit einem Computer – gar nicht!
Vor einiger Zeit habe ich mir einen ziemlich teuren Fehler geleistet. Und das Schlimmste daran: Ich konnte ihn nicht einmal wiedergutmachen, und das ließ mich fast wahnsinnig werden. Durch diesen Fehler wurden Hunderte Euro einfach so in den Sand gesetzt, und ich musste zugeben, schlichtweg versagt zu haben. Es ging um meine Krankenversicherung, die wir in Folge meines Fehlers über Monate hinweg viel zu teuer bezahlen mussten. Obwohl ich diesen Fehler nicht nur mir, sondern auch meinem Mann eingestand, wurde nichts besser. Ich sagte mir zwar »Weiter geht's«, aber meine Gefühlswelt machte etwas ganz anderes. Ich habe wochenlang mit einem undefinierten, diffusen Gefühl gelebt. Ich fühlte mich schlecht und dreckig, so als wenn ich jemanden bestohlen oder verletzt hätte. Wie eine Verbrecherin. Ich wusste irgendwann gar nicht mehr, warum es mir gerade so schlecht geht. Ich wusste, dass es sicherlich

Schlimmeres gab, als ein bisschen Geld zu vergeuden, aber es fühlte sich an wie ein schleichendes Todesurteil.

Ja, so sieht es aus, wenn man emotional völlig unfähig ist, eine Niederlage zu verarbeiten. Ich hatte damals einen Fehler gemacht, den jeder andere ebenfalls hätte machen können. So etwas passiert einfach. Hinfallen, aufstehen, weitermachen. So ist das Leben nun einmal, und aus Niederlagen lernt man für gewöhnlich am meisten, ist es nicht so? Es geht also nur darum, ob wir gelernt haben, wie man richtig mit Fehlern umgeht – denn vermeiden können wir sie ohnehin nicht. Hin und wieder schlägt der Perfektionswahn bei mir auch noch durch: Was meinst du, wie sehr ich mich am Riemen reißen musste, nicht jede Zeile dieses Buchs zu löschen und zehnmal neu zu schreiben? Auch hier spielt natürlich wieder die Angst eine Rolle: Jemand könnte mich für das, was ich schreibe, kritisieren. Wie leicht wäre es doch, einfach in seinem Schneckenhaus zu bleiben, wo einem niemand etwas tun kann, nicht wahr? Ich habe immer wieder feststellen müssen: Schüchternheit und Perfektionismus können enge Verwandte sein. Zum Glück haben wir es selbst in der Hand, wie wir mit unseren Ängsten umgehen wollen.

Wie sieht dein Leben aus, wenn du dich für jeden Fehltritt selbst bestrafst? Immer, wenn etwas nicht nach Plan läuft, wirst du panisch sein und zu einem Nervenwrack mutieren. Du wirst dann jemand sein, der selbst Hilfe braucht, weil er seine Gefühle nicht im Griff hat. Ein Opfer deiner eigenen Umstände. Willst du das wirklich?

Und wie sieht dein Leben aus, wenn du dir selbst erlaubst, Fehler zu machen? Fehler sind ein Teil des Prozesses, um erfolgreich zu werden. Glückliche Menschen wissen, dass man sich selbst und anderen verzeihen muss. Wenn du diese Einstellung übernimmst, kannst du zu einer starken Persönlichkeit werden, die alles erreichen kann. Du wirst mit dir selbst im Reinen sein und kannst wiederum andere stärken und motivieren. Und wenn du die Fähigkeit besitzt, Risiken einzugehen und deine Angst vor Fehlern zu beherrschen, wirst du mit Verantwortung und spannenden neuen Herausforderungen belohnt.

»MAN MUSS AUF SEIN BAUCHGEFÜHL HÖREN«

Erfahrungsbericht von Katharina

Kennst du das? Du triffst aus irgendwelchen Gründen oder einfach aus einer Situation heraus eine Entscheidung und musst auf einmal mit dieser Entscheidung leben. Abends liegst du dann im Bett, weinst und denkst verzweifelt: Warum habe ich nur damals diese Entscheidung getroffen?
Mir ging es schon oft so, vor zehn Jahren beispielsweise. Damals hatte ich mit dem Biologiestudium angefangen. An dem Abend meiner ersten Vorlesung lag ich in meinem Bett, heulte und fragte mich, wie sollte ich dieses Studium bloß schaffen? Ich verstehe ja noch nicht mal die Sachen, die ich eigentlich wissen sollte. Am liebsten hätte ich zu Hause angerufen und gesagt: »Ich will wieder nach Hause. Ich packe meine Sachen zusammen und am Samstag könnt ihr mich abholen.« Blöd nur, dass ich dieses Mal mit einem ganzen LKW umgezogen war, einen Mietvertrag unterschrieben hatte und in meinem Gedanken hörte ich schon meinen Vater sagen: »Kind, du hast dich dafür entschieden, also zieh es durch!« Das Fatale an der inneren Angst ist, dass sie uns zum Aufgeben bewegt, aber dadurch verpasst man so viel Interessantes: neue Freunde, vielleicht den Partner fürs Leben, beschwipst eine Klausur schreiben und vieles mehr. Ich denke dann immer: Jetzt bin ich schon wieder irgendwo in den eiskalten Oze-

an gesprungen, ohne Orientierung und ohne Plan, was passieren wird. Also wohin soll ich nur schwimmen, oder wo ist die nächste rettende Insel? Die Lösung ist so einfach, man muss nur anfangen zu schwimmen und auf sein Bauchgefühl hören. Und so hab ich immer den richtigen Weg gefunden. Die Kunst besteht darin, sich kleine Ziele zu stecken. Denn die erreicht man viel schneller als das ganz große Ziel. Ich weiß nie, wohin mich meine Reise führt und ob meine Entscheidung die richtige war. Ich kann es nur herausfinden, wenn ich es ausprobiere und die innere Angst besiege. Selbst wenn ich scheitere, dann hab ich es immerhin versucht. Und allein das zählt.

DAS SCHWARZ-WEISS-DENKEN

Wenn wir schon mal beim Perfektionismus sind, können wir auch gleich den Rundumschlag machen. Sehr eng mit ihm verwandt ist nämlich das Schwarz-Weiß-Denken, gern begleitet von plötzlich auftretenden Stimmungsschwankungen. Ich sag's dir, den Spagat zwischen überbordender Freude und unsäglicher Traurigkeit beherrschte ich aus dem Effeff. Und dafür musste ich nicht einmal meine Tage haben!
Für mich gab es mitunter nur diese zwei Zustände in meiner Gefühlswelt: schwarz oder weiß, gut oder schlecht, null oder hundert, supertoll oder grauenhaft. Dazwischen gab es nichts. Jeder Zustand gilt in solchen Momenten als absolut und unabänderlich. Und alle anderen, die nicht in der Lage waren, diese extreme Beurteilung nachzuvollziehen, lagen selbstverständlich falsch. Auch konnte ich Kritik nicht gut in Relation setzen. Statt mir zu sagen, »Ich habe einen Fehler gemacht«, bezog ich

Kritik gleich auf mein gesamtes Wesen und meine Identität: »Ich als Person bin fehlerhaft.«

Alles, was in meinen Augen nicht »perfekt« war, war automatisch schlecht, ungenügend, inakzeptabel. Und ich natürlich eine Versagerin. Das zog wiederum den ganzen Rattenschwanz an negativen Gefühlen nach sich, und ich fühlte mich wertlos und schuldig. Yeah! Willkommen in der Abwärtsspirale ohne Ausgang! Sind wir erst mal hier angekommen, können wir uns so richtig schön in unserem Selbstmitleid baden und unseren bedauernswerten Zustand beklagen.

Aber warte noch einen Moment damit, es geht ja noch weiter: Dasselbe wie das Schwarz-Weiß-Denken ist das Entweder-Oder-Denken: »Entweder kann ich alles oder ich bin ein Loser.« Manchmal ertappe ich mich dabei auf frischer Tat, wie ich in diesem Denkmuster gefangen bin.

Ich sehe zum Beispiel gern Kochsendungen wie »The Taste«. Futtern ist mein zweiter Vorname, und manchmal bedaure ich es im Scherz, dass ich es nicht zu meinem Beruf gemacht habe, den ganzen Tag lang nur zu essen. Aber jedes Mal, wenn ich »The Taste« schaue, halte ich mich für eine Versagerin. Ich fange an, mich mit den Profis in der Show zu vergleichen und rede mir ein, dass ich gar nicht kochen könne. »Entweder kochst du so gut wie die oder du kannst gar nicht kochen.« Es ist einfach absurd. Ich kann nämlich sogar sehr gut kochen. Nur eben nicht auf Sterne-Niveau.

Was hat das mit unserer Schüchternheit zu tun? Ganz einfach: Als Schüchterner suchst du nach Veränderung. Veränderung darf aber nicht heißen, dass du die Erfolge anderer als etwas siehst, das du selbst niemals erreichen wirst. Damit blockierst du dich selbst. Diese Lücke zwischen »Ich kann alles« und »Ich kann gar nichts« ist bei Schüchternen gewaltig. Sie zweifeln so an sich selbst, dass sie zu Extremen neigen. Eine Brücke lässt sich nur schlagen, wenn man sein Problem in einzelne machbare Schritte zerlegt.

Was machen wir stattdessen? Wir lieben die ewigen Vergleiche mit anderen über alles. Man könnte sich ja Vorbilder suchen, die nur einen oder zwei Schritte weiter sind als man selbst und von ihnen lernen. Nein, stattdessen vergleicht man sich mit dem schönsten, reichsten, glamourösesten und intelligentesten Menschen des Planeten und bedauert, dass man selbst niemals erreichen wird, was das eigene Idol erreicht hat. Dabei blendet man komplett aus, dass auch die Menschen, die wir so sehr bewundern, viele Jahre und viele Misserfolge benötigt haben, um dorthin zu gelangen, wo sie jetzt stehen.

SÄTZE, DIE SCHWARZ-WEISS-DENKER GERN BENUTZEN

Eine Welt ohne Zwischentöne macht das Leben ganz schön schwer. Hier ein paar Lieblingssätze, mit denen man Schwarz-Weiß-Denker schnell entlarven kann:

- » Warum passiert das immer nur mir?
- » Niemand mag mich.
- » Ich mache nie etwas richtig.
- » Allen geht es viel besser als mir.
- » Entweder schaffe ich das oder alles wird in einer Katastrophe enden.

Besonders die Wörter »nie«, »alles« und »immer« sind gute Indikatoren, um Schwarz-Weiß-Denken aufzudecken.
Lass mich noch einmal auf das Thema Kochen zurückkommen, denn es ist ein gutes Beispiel dafür, wie man seine eigenen Fähigkeiten in einem ganz anderen Licht sehen kann: Mir hat niemand beigebracht, wie man professionell kocht. Macht ja auch nichts. Wenn ich wollte, könnte ich es angehen und mir einen

Mentor suchen. Dann hätte ich die Chance, noch wesentlich besser zu werden. Es ist ja nicht so, dass ich nichts kann, im Gegenteil – meine Fähigkeiten sind bereits gut. Statt also nur eine unüberbrückbare Kluft zwischen dem Ist-Zustand und dem Ideal-Zustand zu sehen, wäre es da nicht besser, einen Weg zum Ziel zu formulieren? Allein dadurch verändert sich der Blick, denn es gibt immer einen Weg. Die Frage ist nur: Bin ich bereit zu tun, was dafür nötig ist?

Als wir jünger waren und wenig Lebenserfahrung hatten, war ein gewisses Schwarz-Weiß-Denken normal. Uns fehlte einfach der Erfahrungshorizont, und Zwischentöne mussten wir erst kennenlernen. Aber wenn wir ein geringes Selbstwertgefühl haben, können wir in diesem Denkmuster ewig gefangen sein. Die Antwort auf die Frage, was wir gegen solche destruktiven Denkmuster tun können, lautet also fast immer: Das eigene Selbstwertgefühl stärken! Wie du das schaffen kannst, erfährst du im dritten und vierten Kapitel.

DAS NEGATIVE GEDANKENKARUSSELL

Viele Schüchterne kennen und fürchten es: das negative Gedankenkarussell. Wenn der Kopf so laut ist, dass man nicht schlafen kann. Karussell mag ja im ersten Moment nach Spaß klingen, doch eigentlich ist es die Hölle. Am Ende beinahe jeden Tages liegst du wach und egal, was du probierst – du schaffst es einfach nicht, deine Gedanken abzustellen. Sie sind so penetrant, dass selbst ein Bauarbeiter mit Presslufthammer, der vor deinem Fenster arbeitet, nicht übertönen könnte, was dein Kopf dir immer und immer wieder in einer Art Dauerschleife an Gedanken um die Ohren haut. Hätte man diese Art von Konzentration auch bei positiven Gedanken, wäre man unbesiegbar!

MEINE TOP THREE DER DAUERSCHLEIFEN...

...wenn mein Hirn mal wieder im Karussellmodus festhängt:

1. Laaange darüber nachgrübeln, was andere Menschen über mich wohl denken. Finden sie mich komisch? Glauben sie, ich sei dumm? Was halten sie von mir, wenn ich X tue oder Y sage?
Was sie wirklich denken, erfahre ich natürlich nicht, schließlich frage ich sie nicht. Ich projiziere bloß meine eigenen Gedanken auf sie. Und das hält mich nachts beschäftigt – klasse!

2. Mich mit anderen vergleichen und bedauern, wie hässlich / unsportlich / pummelig / klein / undiszipliniert ich doch bin. Füge hier ein Adjektiv deiner Wahl ein, bestimmt habe ich einige wichtige vergessen.

3. Das »Was-wäre-wenn«-Spielchen spielen. Bevorzugt auf dem Spiel-Level: Worst-Case-Szenario. Alles andere macht doch keinen Spaß.
»Was wäre, wenn mich niemand mehr mag?«
»Was wäre, wenn ich mich bei einem Meeting verspreche?«
»Was wäre, wenn mein Partner mich verlässt?«

Dank deiner Superkraft für unnötiges Negativdenken mutierst du zielstrebig zum Pessimisten. Doch halt: Du selbst bezeichnest das als gesunden Realismus. Schiefgehen kann schließlich immer was! Man muss stets mit allem rechnen, ist es nicht so? Wenn du schon zu den fortgeschrittenen Karussellfahrern gehörst, kannst du sogar auch tagsüber immer wieder davon heimgesucht zu werden. Bei der Arbeit, während du in der U-Bahn oder im Bus sitzt, beim Einkaufen – wo immer du gerade bist. Juhu! Und das Beste daran ist: Selbst vergleichsweise unwichtige Entscheidungen lassen dich einfach nicht los. »Soll ich wirklich zu der Party am Wochenende gehen?«, »Was ziehe ich heute Abend an?« Fehlt nur noch die Frage: »Warum ist die Banane krumm, und welche Risiken hat das eigentlich für mein Leben?« Etwa auf diesem Niveau spielt sich manchmal das negative Gedankenkarussell ab, nur wir bekommen es nicht mit und machen aus einer Mücke einen Elefanten.

Das Gedankenkarussell zeichnet sich ja dadurch aus, dass sich weder eine Lösung noch ein Ausweg finden lassen. Du stellst dir hundert Fragen und bekommst im Gegenzug nicht eine einzige Antwort. Ein echt bescheuerter Deal! Ich weiß, es macht keinen Spaß, in so vielen unangenehmen Verhaltensmustern herumzuwühlen. Warum mache ich das? Ich glaube, wenn wir erst einmal aufgedeckt haben, welche Verhaltensweisen und Angewohnheiten mitunter bei uns das Steuer übernehmen, nähern wir uns einen kleinen Schritt unserem Ziel, wir selbst zu sein. Zu wissen, was gerade in uns abläuft, kann bereits helfen, unser Bewusstsein dahingehend zu schärfen, »Stopp!« zu rufen, sobald wir uns dabei erwischen, in solche Selbstzerstörungsmechanismen abzurutschen. Mir hat auch die Erkenntnis, dass ich hochsensibel bin, sehr dabei geholfen, mein eigenes Wesen zu respektieren und mehr zu schätzen. Darauf möchte ich im nächsten Abschnitt näher eingehen, da ich festgestellt habe, dass einige Schüchterne zur Gruppe der Hochsensiblen gehören.

ÜBER HOCHSENSIBILITÄT

Fühlst du dich manchmal, als befändest du dich in einer hauchdünnen Glaskugel, die jederzeit zerbrechen könnte? Geräusche, Düfte, fremde Menschen und unbekannte Räume sind für dein Nervenkostüm oft so schwer auszuhalten, dass du denkst, du explodierst gleich? Dann bist du möglicherweise so wie ich hochsensibel. Manche halten hochsensible Menschen für Personen, die schnell mal eben überreagieren, zu emotional oder stets ein bisschen »melodramatisch« sind. Das stimmt aber nicht. Hochsensible haben ein ziemlich gut getuntes Nervensystem: Wir sind nicht weniger belastbar, sondern werden tatsächlich stärker belastet.

Hochsensibilität – oder kurz gesagt HS – ist ein Phänomen, bei dem Betroffene stärker als andere Menschen auf äußere Reize reagieren. Alle nur möglichen Sinneseindrücke wirken die ganze Zeit über auf uns ein. Simultan, ohne Unterbrechung. Jeder Sinnesreiz wird stärker von unserem Gehirn wahrgenommen und verarbeitet – seien es visuelle Reize, Geräusche, Gerüche, Schmerz oder auch Stimmungen und Emotionen anderer Menschen. Die Empathie anderen gegenüber kann allerdings auch zum Verhängnis werden, wenn man sich innerlich nicht abgrenzen kann. Da klingt es nur folgerichtig, dass hochsensible Menschen auch zu ausgeprägter Grübelei neigen.

Leider gibt es eine Menge »gesegnete Besserwisser«, die einem einreden wollen, man müsste sich nur mehr zusammenreißen und sich ein dickes Fell zulegen. Oder die Spezialisten, die einen gern in die Schublade mit dem Label »nicht massenkonform« stecken möchten und dann meiden. Vor denen hatte ich immer am meisten Angst, aber mittlerweile habe ich begriffen, dass ich diese Sorte Mensch ohnehin nicht in meinem Leben brauche. Ich habe einige Freunde kennengelernt, die so wie ich sehr schüchtern und gleichzeitig hochsensibel sind. Offenbar ist das keine allzu große Seltenheit, nur spricht eben kaum einer darüber. Angeblich sollen sogar 15 bis 20 Prozent aller Menschen hochsensibel sein. Diese Schätzungen sind nicht durch Studien belegt, aber wenn es so wäre, hätten wir zumindest einen Grund weniger, uns einsam und außerirdisch fühlen.

Ich war ungefähr Anfang 20, als mir meine Tante das Buch »Zart besaitet« von Georg Parlow[22] gab. Sie hatte mich scheinbar gut beobachtet und gemerkt, dass ich auf viele äußere Reize stärker reagierte als andere. Mir selbst war das nicht bewusst. Ich dachte lediglich, ich wäre »komisch«. Das Buch als Offenbarung zu beschreiben, wäre glatt gelogen, denn ich habe die These hochsensibel zu sein, zunächst total abgestritten. Doch letztlich ergab alles einen Sinn, und ich fühlte mich endlich verstanden, mich so nennen zu lassen wollte ich aber trotzdem nicht. Hochsensibel – das klingt doch schwach, gefühlsduselig und nach Mimose, oder? Ich verstand damals einfach noch nicht, dass es auch schön sein kann, hochsensibel zu sein. Das realisierte ich erst Jahre später, als ich weitere Menschen kennenlernte, denen es so ging wie mir.

Ich hatte mich in den Jahren zuvor stark zurückgezogen und um mich herum einen Schutzwall errichtet, wenn mir alles zu viel wurde. Kühl und abgeklärt zu wirken ist manchmal leichter, als sich sensibel und zerbrechlich zu zeigen. Ich kann auf Knopfdruck losheulen, wenn ich Filme sehe. Zum Beispiel »Die Schöne und das Biest« oder »Stolz und Vorurteil«. Es schockiert mich selbst, dass ich nach kaum 20 Minuten anfange zu heulen wie ein Schlosshund. Auch wenn ich bestimmte Musik höre, bin ich sehr nah am Wasser gebaut, die Emotionen können sehr schnell mit mir durchgehen. Im »echten« Leben dagegen gebe ich gern den Eisblock. Niemand hat mich je weinen sehen. Weil ich schüchtern bin, hatte ich zu große Angst davor, diese verletzliche Seite mit der Außenwelt zu teilen. »Werden mich nicht alle für eine Mimose halten? Sind meine Gefühle nicht total übertrieben? Was werden andere nur denken?« Es hat gedauert, bis ich bemerkte, dass Dichtmachen auch nicht immer die richtige Lösung ist und ich eine Balance für mich finden muss, besser mit der Flut an Außenreizen zurechtzukommen. Sich innerlich nur noch abzuschotten macht verdammt einsam. Es ist gut zu wissen, wann man sich zurückziehen muss, aber es ist mindestens genauso wichtig für das psychische Wohlbefinden, andere an sich heranzulassen und seine Gefühle mit ihnen zu teilen.

Schüchtern und gleichzeitig hochsensibel zu sein heißt für mich also, dass mich nicht nur soziale Herausforderungen schnell aus dem Konzept bringen, sondern auch sämtliche Reize um mich herum. Ich wollte ja immer mit anderen reden – aber ich war nicht nur sehr schüchtern, sondern auch schnell vom Drumherum erschlagen – fremde Räume, nervtötende Hintergrundgeräusche, die sich zu einem bedrückenden Geräuschteppich über mir zusammenballten, oder Gerüche, die mich davon ablenkten, anderen zuzuhören. Ich bekomme immer noch oft Kopfschmerzen, wenn mir etwas zu viel wird und ich zu viele Eindrücke auf einmal verarbeiten muss.

Fun Fact: Meine hohe Sensibilität äußert sich olfaktorisch besonders stark. Bei angenehmen Düften wie beispielsweise gemahlenem Espresso möchte ich fast in die Tüte kriechen. Es ist gar nicht ungewöhnlich für mich, einen minutenlangen Hustenanfall zu bekommen, weil ich mal wieder zu tief eingeatmet habe. Ich schaffe es sogar, beim Einatmen von Espressoduft beinahe high zu werden. Ist das nicht praktisch? Okay, Spaß beiseite. Und so gern ich Blumen mag, bei vielen werde ich fast wahnsinnig, weil ich sie meterweit durch einen Raum riechen kann. Pralinen kann ich bereits durch die (eingeschweißte und versiegelte!) Box erschnuppern. Dummerweise bin ich oft enttäuscht, wenn ich dann wunderbar duftendes Essen probiere: Der Geruch einer Speise ist für mich oftmals so überirdisch und elektrisierend, dass der Geschmack nicht halten kann, was der Duft versprochen hat. Mein Geschmackssinn scheint also nicht ganz so genial zu sein wie mein Geruchssinn. Bei schlechten Gerüchen könnte ich mich übrigens von einem Moment auf den nächsten übergeben, denn auch diese Gerüche nehme ich um ein Vielfaches stärker wahr. Mein Würgereflex ist sofort da, und ich kann ihn nur schwer unterdrücken. Jeder, der mit mir mal an einem Hundehaufen vorbeigegangen ist, kennt das schon.

Hochsensibel zu sein hat durchaus auch viele schöne Seiten: Hochsensiblen wird ein hohes Maß an Empathie, Gerechtigkeitsempfinden und Gewissenhaftigkeit nachgesagt, denn sie können gut auf andere eingehen. Hochsensibilität ist also alles andere als eine psychische Störung oder gar eine Krankheit! Sie ist schlicht und einfach ein Persönlichkeitsmerkmal.

WAS SAGT DIE FORSCHUNG ZUR HOCHSENSIBILITÄT?

Ähnlich wie bei der Schüchternheit geht man auch bei der Hochsensibilität davon aus, dass es eine Veranlagung dafür gibt. Die Arbeiten der Psychologin und Professorin Elaine Aron legen nahe, dass Hochsensibilität vererbt wird. Sie gilt als Pionierin in der Hochsensibilitäts-Forschung und hat zu diesem Phänomen zahlreiche Bücher veröffentlicht. Die Studien von Dr. Aron basieren auf Selbsteinschätzung durch detaillierte Fragebögen. Dies genügt natürlich nicht wissenschaftlichen Standards, aber mittlerweile gibt es auch hier immer mehr Forschungsarbeiten, die zeigen, dass Elaine Arons Thesen für einen physiologischen Hintergrund durchaus haltbar sind: 2011 setzten sich chinesische Forscher zum Ziel, die Beziehung zwischen Hochsensibilität und genetischer Veranlagung durch Variationen im Dopaminsystem zu beleuchten. Hierzu untersuchten sie 480 Studenten und kamen zu dem Schluss: Ja, auch unsere Gene sind mitverantwortlich für Hochsensibilität[5]. Weiterhin konnte man mithilfe funktioneller Magnetresonanztomographie (fMRT) die Aktivität von bestimmten Gehirnarealen messen, während den Probanden verschiedene Bilder gezeigt wurden. Dabei kam heraus, dass Hochsensible deutlich stärker auf geringe Bildveränderungen und Reize reagierten als »Normal-Sensible«[6].

Versteht man aber erst einmal, was Hochsensibilität bedeutet und dass diese Eigenschaft auch etwas Gutes an sich hat, kann man sie auch »umarmen« und mit ihr arbeiten. Manchmal brauche ich Tage oder sogar Wochen, um Erlebtes zu verarbeiten. Gerade wenn ich eine Konferenz oder ein geschäftliches Meeting besucht habe, benötige ich hinterher ganz schön viel Zeit, um meine Akkus wieder aufzuladen. Ein Besuch beim Kunden inklusive Flug und Übernachtung absolviere ich gewissenhaft und genieße auch die Spannung, dabei etwas Neues zu erleben, doch danach lebe ich erst mal für eine Weile auf Sparflamme. Auch brauche ich eine Menge Schlaf. Neun bis zehn Stunden holt sich mein Körper von allein, wenn ich meinen Wecker nicht stelle. Doch jetzt kommt das Beste: Das ist total in Ordnung. Warum sollte es das nicht sein? Wer schreibt mir vor, dass es anders sein müsste? Wer sagt, dass ich nicht cool bin, weil ich nicht wie der Rest der Welt nach sieben Stunden topfit und wie der strahlende Sonnenschein aus dem Bett hüpfe? Ich schaffe mir genau die Strukturen, die mir erlauben, mich wohlzufühlen. Statt meine sensible Seite wie eine unerwünschte Nebenwirkung meines Charakters zu sehen, betrachte ich sie mittlerweile als Gabe. Ich kann sie für einen guten Zweck gebrauchen und meine Gefühle mit anderen teilen und Verständnis zeigen. Mittlerweile kann ich sogar Partys genießen. Ich weiß einfach, wann es Zeit ist zu gehen und die Batterien wieder aufzuladen. Das Gefühl, etwas »Wichtiges« zu verpassen, ist unbedeutend, wenn es um Gesundheit und Wohlbefinden geht.

Wenn du wissen möchtest, wie du mit Hochsensibilität im Alltag besser zurechtkommen und sie als Stärke einsetzen kannst, kann ich dir die Bücher von Elaine Aron nur empfehlen. Am bekanntesten im deutschen Raum ist der Titel »Sind Sie hochsensibel? Wie Sie Ihre Empfindsamkeit erkennen, verstehen und nutzen«. Und wenn du Lust hast, kannst du auch im Internet zum Beispiel unter www.zartbesaitet.net einen kostenlosen Test machen.

3. Kapitel

—

ERFOLG HAT EIN MUSTER:
DEIN NEUES MINDSET

—

Dafür, dass ich groß angekündigt habe, dies sei ein Mutmach-Buch ist, haben wir uns bis jetzt mit ziemlich vielen düsteren Denkmustern herumgeschlagen. Aber das ist gut so. Denn einer der ersten Schritte überhaupt besteht darin, den Gefühlen einen Namen zu geben und aufzudecken, was schiefläuft. Nur wenn du bemerkst, dass dein gehemmtes Denken und Handeln destruktive Folgen hat, bekommst du die Chance, etwas daran zu ändern!

Dass ich inzwischen anders über mich selbst und meine Fähigkeiten denke, war der ausschlaggebende Punkt, um gegen meine Schüchternheit angehen zu können. Ich habe mir ein neues Mindset – also eine neue Perspektive, eine andere Art zu denken – angeeignet. Mein Lösungsweg, die Schüchternheit in den Griff zu bekommen und ihre anderen »Begleiter« wie das Schwarz-Weiß-Denken und der Perfektionismus gleich mit, führte über die Stärkung meines Selbstwertgefühls. Und überhaupt schon herauszufinden, warum ich mich selbst so wenig schätzte, ist eine Menge Arbeit gewesen: Warum bin ich ein Perfektionist? Warum will ich von allen anerkannt werden? Warum habe ich so große Angst, zurückgestoßen zu werden? Fragen über Fragen. Ich hatte bis vor wenigen Jahren nie gelernt, mit mir selbst zufrieden zu sein. Weder innerlich noch äußerlich. Ich fand alles an mir »falsch« und verbesserungswürdig: Nicht nur meine Schüchternheit und die übertriebene Angst vor der Reaktion anderer Menschen – auch mein Aussehen, mein Körper, einfach alles an mir war nicht gut genug.

SELBSTACHTUNG LERNEN

Neulich begegnete mir eine besonders schöne Formulierung: »Du hast nie gelernt, in deinem Körper zu leben.« Das traf mich wie ein Blitz, denn genauso war es! Statt zu lernen, mich selbst anzunehmen – und ja, sogar zu lieben, wie ich bin –, das hatte ich bis dato einfach nicht geschafft. »Selbstliebe«, das klingt für jemanden mit einem geringen Selbstwertgefühl schnell übertrieben, wenn nicht gar narzisstisch. Ich dachte immer: »Wenn ich mich selbst so wichtig nehme, was sollen bloß die anderen von mir denken? Warum sollte meine Meinung etwas wert sein?« Ich war nicht in der Lage, zwischen gesundem Selbstbewusstsein und Narzissmus zu differenzieren. Alle, die es wagten, stolz auf sich zu sein, waren in meinen Augen gleich Narzissten. Wie konnten die nur so zufrieden mit sich selbst sein? Was fällt denen eigentlich ein, unaufgefordert mit ihrer Meinung rauszuplatzen? Bis ich irgendwann begriff: Wenn ich mich schon nicht ernst nehme und auf mich achte, wer soll es dann tun? Ich öffnete mit meinem destruktiven, extrem scheuen Verhalten jedermann Tür und Tor, auf mir herumzutrampeln, eine Art unausgesprochener Einladung: »Hey, kommt alle her, ich bin eine elende Versagerin. Bitte macht mit mir, was ihr wollt, ich tue alles, um mein Selbstwertgefühl aufzupolieren!« Juhu, willkommen im Strudel des Selbsthasses! Und nachdem man dann so richtig schön vergeblich versucht hatte, es allen recht zu machen, aber immer noch keine Anerkennung bekommen hatte, fühlte man sich noch schlechter, und es ging wieder von vorn los.

Menschen mit wenig Selbstachtung werden ausgenutzt, wenig bis kaum beachtet, und vor allem sind sie durch ihre mangelnde Selbstachtung irgendwann so kaputt, dass sie mit anderen kaum noch ihre Talente und Gaben teilen können. Sie wissen ja nicht einmal, wozu sie eigentlich imstande sind. Aber genau das ist der Knackpunkt. Man muss zu einem gesunden Ich werden, das seine Ängste überwinden kann, und man muss begreifen, dass man genau richtig so ist, wie man eben ist. Liebenswert und vollständig. Dass der eigene Wert nicht daran gemessen wird, ob man beim Sprechen klug klingt oder ob man Kleidergröße 34 trägt. Und daher bin ich davon überzeugt, dass die Lösung zur Überwindung von Schüchternheit auch nicht ausschließlich in bestimmten Übungen und Trainings zu finden ist. Skripte, um mit anderen einfacher ins Gespräch zu kommen, sind in meinen Augen erst dann nützliche Methoden, wenn man zuvor das passende Mindset – also die richtige Mentalität oder Einstellung – entwickelt hat. Du musst an deinen eigenen Denkmustern rütteln, sie infrage stellen, deine eigenen Glaubenssätze ergründen und deine Gefühlswelt auf den Kopf stellen!

Werden Leute gefragt, was sie gern an sich verändern möchten, dann antworten sie oft mit Sätzen wie: »Ich will abnehmen« oder »Ich will mehr Geld verdienen« oder »Einen tollen Job finden«. Ja, oder eben auch: »Ich würde gern mit Fremden reden können«. Das ist für den Anfang gut, kratzt aber nur an der Oberfläche. Es sind nur Verhaltensweisen. Für viel wichtiger halte ich es, das eigene Denken zu verändern. Denn wie wir denken, bestimmt unser Handeln.

Ich für meinen Teil kam also nicht darum herum zu entdecken, wie man überhaupt sein eigenes Denken und Handeln reflektiert. Um meine inneren Ängste – und damit auch die Schüchternheit – beherrschen zu können, musste ich erst einmal lernen, mir selbst zuzuhören, um herauszufinden, warum ich ständig so unzufrieden mit mir war. Oder warum mich auf einmal die Kontrolle meiner Gefühle vollkommen überforderte. Ich spürte in vielen Situationen meist nur die Konsequenzen, wenn mein Gefühl mir sagte: »Das kann ich einfach nicht« oder »Ich bin nicht stark genug und werde es nie sein« oder: »Rückzug Melina, sofort!« (Das ist dann zum Beispiel wieder der Moment, in dem du dich auf die Toilette verdrückst, weil du keine Ahnung hast, wie zur Hölle du mit den Menschen da draußen reden sollst.) Pling! Der innere Schutzmechanismus sprang oft einfach an, ohne dass ich wusste, was los war, und so rannte ich meinen eigenen Gefühlen hinterher.

SELBSTREFLEXION ÜBEN

Häufig reagieren wir einfach nur noch, aber wir reflektieren kaum. Ich dachte immer von mir, ich sei selbstreflektiert. Schließlich habe ich mir Tag und Nacht meine Rübe über die Probleme dieser Welt und meine eigenen zerbrochen. Tja, nur die Tatsache allein, dass man *viel* denkt, sagt wenig darüber aus, ob man auch *in die richtige Richtung* denkt. Deswegen möchte ich dir auf den folgenden Seiten zeigen, welche neuen Denkmuster mir dabei geholfen haben, die alten destruktiven Muster zu durchbrechen und mein Selbstwertgefühl zu stärken. Aus eigener Erfahrung kann ich dir nur nahelegen: Sei geduldig mit dir selbst. Gib nicht auf, wenn du hin und wieder in alte Muster zurückfällst. Das ist normal und ausdrücklich erlaubt.

Festgefahrene Verhaltensmuster, die manchmal bis in die eigene Kindheit zurückreichen können, lassen sich nicht mal eben per Knopfdruck verändern. Ich wünschte, es wäre so. Sie schlummern irgendwo tief im Unterbewusstsein, und die Kunst ist, sie überhaupt erst einmal zu »wecken« und zu Tage zu befördern. Ich habe mehrere Jahre gebraucht, um zu verstehen, wie ich ticke und welche Bedürfnisse ich habe. Ich bin auch eine dieser Personen, die ihre eigenen Gefühle gekonnt unterdrücken können. Das heißt, ich kann mich so abgeklärt und nüchtern geben, dass nicht nur mein Umfeld es mir abkauft, sondern dummerweise auch ich selbst. Dass an dieser dicken Kruste eigentlich nichts echt ist, merke ich dann gar nicht mehr. Ich bin mir sicher, dass ich noch längst nicht alles über mich weiß. Auch braucht es Zeit, sich in kleinen Schritten mehr und mehr zuzutrauen und die ehemals riesigen Ängste auf ein gesundes Normalmaß zurechtzustutzen. Machen wir uns nichts vor: Wir lernen unser Leben lang, und das muss dich nicht erschrecken. Kleiner Reminder: Wir beide wissen ja, dass wir keine Perfektion erreichen können.

Die Sache mit der Selbstreflexion ist gar nicht so einfach. Das »Problem« ist nämlich: Dazu müsste man sich ja mal selbst hinterfragen. Und mit hinterfragen meine ich nicht, dass du dich tagein, tagaus infrage stellst. Ich meine damit, dass du anfängst, den Ursprung deiner Gefühle zu ergründen.

Meine Beobachtungen haben oft gezeigt, dass sich hier die Spreu vom Weizen trennt. Eine erschreckende Anzahl von Menschen, die ich bisher kennengelernt habe, betreibt nämlich keinerlei Psychohygiene und kommt meiner Meinung nach auch genau deswegen nicht aus dem Quark. Jeder bekommt Feedback von seiner Umwelt, aber nicht jeder hinterfragt und validiert es:

» Wie kommt der andere darauf?
» Warum stehe ich immer wieder an diesem Punkt?
» Was sehen andere, was ich nicht sehe?
» Was tue ich da gerade?
» Will ich das wirklich, oder wollen es andere?

Bei vielen fehlt dieser Abgleich zwischen der inneren und der äußeren Realität komplett. Sie rennen mit Scheuklappen durch die Welt und fallen abends nur noch müde ins Bett. Und so geht das immer weiter, bis sie alt sind und sterben. Manche Türen werden also immer verschlossen bleiben, weil man nie gelernt hat, die richtigen Fragen zu stellen und sich selbst genau kennenzulernen. Oftmals funktionieren viele Dinge einfach »gut genug«, sodass man nicht groß über sich selbst nachdenken muss.

»WIE SOLL ICH MICH NUR ENTSCHEIDEN?«

Erfahrungsbericht von Alexandra

Als Kind hatte ich Angst vor der Dunkelheit – gleichzeitig war ich vom Sternenhimmel fasziniert. An der Uni war mein Respekt vor mündlichen Prüfungen und Präsentationen groß – dennoch wollte ich es wissen. In Gegenwart vieler Menschen fühle ich mich unwohl – zugleich interessiert mich, wie Einzelne denken, fühlen und handeln. Neue Lebenswege, Aufgaben, Begegnungen können meinen Blick weiten, Freude und Aufbruchsstimmung in mir auslösen – aber ebenso Zweifel und Ängste.
Was ist richtig, was tut mir gut, wie soll ich mich entscheiden? In meinem Kopf kreisten sehr viele Gedanken, und meiner Umgebung verschaffte ich zu viel Gehör. Beides erzeugte so viel Lärm, dass ich meine innere Stimme kaum hörte. In solchen Situationen konnte ich nur schwer einschätzen, ob Ängste, Zweifel und mangelndes Selbstvertrauen tatsächlich begründet waren, sie aus negativen Glaubenssätzen herrührten oder ich an der Herausforderung wachsen könnte. Gelegentlich nahm ich zwar mein Bauchgefühl wahr, handelte aber oft nach dem Verstand und erteilte mir damit schmerzhafte Lektionen. Dann haderte ich mit dem Schicksal, Gott und der halben Welt, aber vor allem mit mir selbst. Ich ging hart mit mir ins Gericht, war gut zu meinem Körper, aber schlecht zu meiner Seele. Noch mehr geben und leisten, noch weniger entspannen und abschalten. Selbst kleine Fehler verstärkten das Gefühl, »nicht gut genug zu sein«. Ich habe es so verinnerlicht, dass ich das Überschreiten meiner Grenzen erst merkte, als mein Körper deutliche Signale sendete. Im Gegensatz zum Verstand setzt der Körper Grenzen – ich war wohl doch nicht so gut zu ihm.

Den Großteil dieser negativen Erfahrungen und Umwege hätte ich mir gern erspart, aber wenn sie einen Sinn hatten, dann wohl den zu erkennen, dass ich nur weiterkomme, wenn ich weitergehe – allerdings mit weniger Ballast.

Wie sagte Francis Picabia: »Unser Kopf ist rund, damit das Denken die Richtung ändern kann«. Um wieder klar denken, tief durchatmen und mich spüren zu können, verschaffte ich mir ein ruhiges Umfeld, und die Natur war dafür prädestiniert. Der mentale Rucksack wurde Richtung Berggipfel zwar nicht merklich kleiner, aber die Distanz zum Müll im Tal größer, und das war schon eine Erleichterung. Wälder, Seen und das Meer mit allen Sinnen zu erfassen, entspannte mich, ließ mich auftanken und störende Gedanken ziehen. Die Natur zeigte mir die Vergänglichkeit auf, machte mich achtsamer, dankbarer und erleichterte es mir, den Fokus auf mein Inneres zu richten.

Auf diesem steinigen Weg habe ich mich weitgehend nur mir selbst geöffnet. So sortierte ich Gedanken und Gefühle, schaute mir Freunde oder jene, die ich dafür hielt, genauer an und überlegte mir, welche Ziele ich tatsächlich erreichen wollte oder welche von außen an mich herangetragen wurden. Intensiv war die Auseinandersetzung mit meiner Energie und der Erkenntnis, wohin sie fließt – ich war zu emphatisch, und meine Aufmerksamkeit lenkte ich zu oft auf Negatives, sodass das Positive kaum mehr strahlen konnte. Ich habe eigene Bedürfnisse zugunsten anderer reduziert und kaum oder zu spät Grenzen gesetzt. Nein sagen war kein einfacher Weg, aber notwendig, um nicht selbst auf der Strecke zu bleiben. Durch den Blick nach innen wurde mir auch bewusst, dass ich meine hohen Ansprüche an mich mäßigen und weniger kritisch mit mir selbst sein darf. Ich habe gelernt zu unterscheiden, ob ich jeweils in dem Moment mein Bestes, das ich zu tun vermochte, gegeben habe oder doch noch Luft nach oben war. Dadurch konnte ich Druck rausnehmen und hinterfragen, ob bestimmte Umstände vielleicht auch etwas Gutes hatten, einfach nicht sein sollten oder eine passendere Lösung noch auf mich wartet.

Mein Verstand hat sich geweitet, aber vor allem wurden meine innere Stimme lauter und meine Intuition wieder spürbarer. So wurde mir auch klar, Dinge, Situationen und Menschen, die ich nicht ändern konnte, zu akzeptieren oder loszulassen. Wahrlich nicht einfach! Oft machte ich zwei Schritte zurück. Eingefahrene Strukturen, Gedankenmuster und Sichtweisen zu ändern, war eine echte Herausforderung. Die Angst, wieder in alte Muster abzurutschen, ließ mich mutig bleiben, denn wer sollte meine Blockaden lösen, wenn nicht ich selbst? So begann ich, die Selbstzweifel zu überwinden und nicht jeden Fehler und jede Situation als Problem, sondern als Teil der Lösung zu sehen.

PSYCHOHYGIENE TRAINIEREN

》MEIN NAME IST HASE;
ICH WEISS VON NICHTS.《

So ähnlich lässt sich mein früheres Verhältnis zu meinem Gefühlsleben beschreiben. Ich verstand mich selbst nicht und hatte keine Idee, warum ich manchmal völlig von der Rolle war. Na klar fragte ich mich den ganzen Tag lang, warum ich ein so schüchterner, ängstlicher Mensch war. Aber diese Erkenntnis allein änderte herzlich wenig. Ich bin zwar ein nachdenklicher Mensch, aber ich musste erst dahinterkommen, die richtigen Fragen zu stellen.

Wenn das Verhältnis zu sich selbst nicht stimmt, wird es schwierig, ein robustes Selbstwertgefühl aufzubauen und selbstbewussten Umgang mit anderen Menschen zu pflegen. Anhand zahlreicher Gespräche mit meinem Mann, zig Psychologieratgebern und mit dem Willen, endlich etwas zu verändern, lernte ich langsam (und wir reden hier von Jahren!), meine Gefühle und Verhaltensweisen zu analysieren.

Selbstreflexion ist die Fähigkeit, über sich selbst nachzudenken, mit einem gewissen Abstand sich zu beobachten und dabei zur Selbsterkenntnis zu kommen. Stell dir die Selbstreflexion als mächtiges Gedankenmodell vor, die wie eine neue Software in deinem Gehirn abläuft – also, wie wenn du eine neue Disc eingelegt und die Software ausgetauscht hättest. Und hast du einmal geschnallt, wie diese Psychohygiene funktioniert und integrierst sie als feste Routine in deinen Tagesablauf, bist du ein freier Mensch! So sehe ich es zumindest. Die eigenen Gefühle zurückverfolgen zu können, kann Menschen dazu befähigen, selbst hartnäckig antrainiertes Verhalten aus der Kindheit aufzuspüren, Annahmen zu beseitigen, die einen schon jahrelang blockieren, oder sogar mit schmerzhaften Erfahrungen abzuschließen. In den vergangenen Jahren habe ich eine Menge darüber herausgefunden, warum ich so bin, wie ich bin. Warum ich mich manchmal durch vermeintliche Kleinigkeiten fürchterlich verletzt gefühlt habe, und aufgrund welcher Erlebnisse ich mir überhaupt mein schüchternes Verhalten antrainiert hatte. Heute weiß ich, woher es kommt, wenn eine innere Stimme mir sagt: »Das tut man aber nicht!« Oder: »So haben wir es schon immer gemacht, alles andere gehört sich nicht.« Ich kann unterscheiden zwischen meiner eigenen Meinung und dem, was irgendein Über-Ich mir an vermeintlichen Erwartungen und gesellschaftlichem Druck auflasten will. Inzwischen weiß ich, wie hilfreich es ist, jeden Tag Zeit dafür zu verwenden, seine Gefühle aufzuarbeiten. Mein Mann unterstützt mich oft dabei, mit mir zusammen meinen Tag zu »verdauen«, weil ich immer noch dazu neige, mich schnell in meinen Schildkrötenpanzer zu verkrümeln. Überhaupt habe ich im Alltag viel mit Schildkröten (meinen Lieblingstieren, seit ich denken kann – neben Katzen selbstverständlich) gemeinsam: harte Schale, weicher Kern. Wird nicht gern gehetzt und passt sich farblich seiner Umgebung an. So, als wären sie gar nicht da. Moment, rede ich wirklich noch von Schildkröten? Und vor allem: Sie ziehen sich schnell in ihren Panzer zurück, wenn sie nur die leiseste Gefahr wittern. Jawoll – Zwillinge im Geiste würde ich sagen! Um also nicht immer zur Schildkröte zu mutieren, musste ich lernen, jemandem meine Gedanken anzuvertrauen und ihnen dabei auf die Spur zu kommen.

DAS »INNERE TEAM« KENNENLERNEN

Um eine Idee davon zu bekommen, wie es um die eigene Gefühlswelt bestellt ist, ist das »Modell des inneren Teams« äußerst hilfreich. Der Hamburger Psychologe Friedemann Schulz von Thun hat dieses Modell entwickelt und in seinem Buch »Miteinander reden«[7] ausführlich behandelt. Beim inneren Team kannst du dir deine Gefühle als Teammitglieder oder kleine Persönlichkeiten vorstellen. Und jedes Mitglied des Teams will nur das Beste für seinen Teamchef, also für dich.
Genauso vielfältig wie die Teams in Firmen und Agenturen zusammengewürfelt sind, sieht es auch in deiner Gefühlswelt aus: Manche Teammitglieder melden sich sofort zu Wort, sind laut, penetrant und quasi unüberhörbar. Andere wiederum sind eher still und manchmal kaum zu spüren, weil sie immer wieder von anderen Teammitgliedern plattgemacht werden. So kann es passieren, dass sie sich in ihren unterschiedlichen Anschauungen und Meinungen gegenseitig behindern und du –

der Teamchef – am Ende etwas tust, das du »eigentlich« gar nicht willst.

Hier ein praktisches Beispiel für das Verhalten meines inneren Teams: Ich nehme an einer Konferenz teil, sagen wir der CeBIT. Ich möchte mit dem Vortragenden sprechen, denn ich weiß, dass es sehr hilfreich für meinen Job wäre, den Kontakt mit ihm herzustellen, und vor allem möchte ich mich für seinen Vortrag bedanken. Leider ist sich mein inneres Team ziemlich uneins über das weitere Vorgehen. Die Angst, sich komisch zu benehmen oder abgewiesen zu werden, schreit so laut, dass kaum noch ein anderes Mitglied zu Wort kommt. Neugier und Anteilnahme versuchen mitunter schon gar nicht mehr, dagegenzuhalten und das Positive herauszustellen (»Stell dir vor, wie spannend es wäre, ihn mal persönlich kennenzulernen! Er freut sich bestimmt riesig, wenn du seine Arbeit anerkennst!«). Sie werden ohnehin nicht ernst genommen und sofort von den anderen panischen Teammitgliedern überrannt. Also ist die Sache gelaufen: Ich drehe um und quäle mich für den Rest des Tages mit dem »Was-wäre-gewesen-wenn-ich-mich-getraut-hätte«-Spiel. Na, danke auch. Die Kunst besteht also darin, ein Team-Meeting abzuhalten, bei dem alle zu Wort kommen dürfen. Eine gute Übung für den Anfang ist es, sich seine klassischen Angstsituationen – wie mein Beispiel oben – einmal vor Augen zu führen und alle Gedanken dazu zu Papier zu bringen. Völlig wertfrei. Dir fallen sicher auf Anhieb einige Situationen ein, vor denen du dich als Schüchterner besonders fürchtest. Wer sind die Teilnehmer in deiner Teamkonferenz? Was sagen sie? Schreib es auf. Bei unserer konspirativen »Wie-verstehe-ich-meinen-eigenen-Gefühlssalat«-Sitzung haben mein Mann und ich verschiedene Schwierigkeitsstufen ausgemacht. Wie bei einem Computerspiel muss man nämlich zuerst einmal ganz unten anfangen, bis man sich Stück für Stück freigespielt hat und danach neue Level freischalten kann.

LEVEL 1: WELCHEN NAMEN HAT MEIN GEFÜHL?

Findest du albern? Was glaubst du, wie tief unten ich anfangen musste! Es beginnt immer damit, einem diffusen Gefühlszustand erst einmal einen Namen zu geben. »Ich bin schlecht gelaunt« ist kein Gefühl, sondern ein Zustand. Das ist einfach ein undefinierter Gefühlsklumpen, und erfahrungsgemäß sind darin ein ganzer Haufen Gefühle verborgen, die jeweils sehr unterschiedliche Ursachen haben können. Man muss sich also wirklich hinsetzen und sich fragen: »Wie heißt das Gefühl, das ich da empfinde? Welche Namen gibt es dafür? Welcher davon passt am besten?« Ich konnte früher nicht einmal Wut von Trauer unterscheiden! Ein Klassiker bei mir? »Ich bin so, so wütend! Warum hat sie das zu mir gesagt?« Oder: »Ich bin echt sauer, dass wir heute nicht essen gehen können.« Ganz typische Sätze von mir. In Wirklichkeit war ich nicht wütend oder sauer. Ich war unglaublich verletzt und traurig. Vielleicht war ich auch beides, aber der verletzte Teil überwog bei Weitem. Das konnte ich aber nicht zugeben, weil ich das Gefühl nicht einmal zuordnen konnte. Wenn man Wut und Aggression zeigt, bekommt man logischerweise auch keinen Trost. Ich bekam von meinem Umfeld also nie den Trost, den ich brauchte, weil ich gar nicht ausdrücken konnte, was mir fehlte. Dumm gelaufen. Ich musste immer wieder feststellen, dass Wut für mein Unterbewusstsein die leichtere Option war. Sich weich und verwundbar zu zeigen, hatte ich nicht weiter gelernt – zu groß war meine Angst vor Verletzung. Also war Wut das Mittel der Wahl, auch wenn eigentlich Trauer angesagt war.

Es liegt auf der Hand, dass wir lernen müssen, unsere Gefühlen richtig zu benennen. Oft sind viele verschiedene Ängste und Sehnsüchte an unserem Stimmungsbild beteiligt – da muss man sich wirklich die Mühe machen, die Komponenten voneinander zu lösen und sie jeweils einzeln zu betrachten. Sonst können wir unsere emotionalen Bedürfnisse nicht stillen, schleppen eine Menge Ballast mit uns herum und leiden jeden Tag ein bisschen mehr.

Also finde einen Namen für deine Gefühle – deine inneren Teilnehmer – und dann kannst du auch herausfinden, was sie von dir wollen! Eines ist nämlich ganz sicher: Sie sind nicht ohne Grund da. Und alle haben ihren Platz. Versuch nicht, deine negativen Gefühle auszuklammern oder zu verleugnen. Okay, dann schalte ich jetzt Level zwei für dich frei.

LEVEL 2: URSACHENFORSCHUNG – WOHER KOMMT MEIN GEFÜHL?

Als schüchterner Mensch wirst du natürlich wie aus der Pistole geschossen antworten: »Ja klar, ich habe Angst. Das ist mein Gefühl.« Gut, das ist ein Anfang. Aber Angst allein ist noch nicht spezifisch genug, dieser Begriff legt nur die Basis für eine Menge weiterer Fragen: Woraus besteht diese Angst? Aus welchen Einzelteilen setzt sie sich zusammen?

Wir müssen lernen, die Signale richtig zu deuten. Uns zu fragen: »Woher kommt das Signal eigentlich? Was hat es ausgelöst?« Ein intaktes Unterbewusstsein sendet uns Signale und warnt uns vor Situationen, die uns schaden können. Deshalb verlassen wir uns auf unser sogenanntes Bauchgefühl. Dummerweise liegt unser Unterbewusstsein nicht immer richtig, um die richtigen Schlüsse zu ziehen. Manchmal sind Zweifel an den Signalen durchaus angebracht! Unser innerer Kompass will uns vor unschönen Erfahrungen schützen und hat massenweise Strategien dafür, Kollateralschäden zu vermeiden.

Angst ist zunächst ein ganz normales Gefühl und in vielen Situationen völlig angemessen. Zum Beispiel, wenn du im Zoo deine Hand besser nicht durchs Gitter eines Wildtiergeheges steckst. Manchmal ist die Angst, die uns das Unterbewusstsein signalisiert, aber auch total überzogen: Rational wissen wir beide, dass wir keine Angst vor anderen Menschen haben müssen. Sie werden uns wohl kaum die Hand abbeißen. In Level eins haben wir aber trotzdem festgestellt: Offensichtlich sind Angstgefühle vorhanden. Nichts Neues für Schüchterne. Manchmal taucht die lähmende Angst nur in bestimmten Situationen auf. Bei manchen Schüchternen aber auch immer und überall, sobald andere Menschen ins Spiel kommen. Bevor du deine inneren Teammitglieder nun ausführlich zu interviewen beginnst, wüsste ich aber gern noch: Wie stellst du dir deine inneren Teammitglieder eigentlich vor? Als eine Runde von Beratern, die irgendwann alt und weise sind? Das wäre toll! Unsere Gefühle sind jedoch wie kleine Kinder. Wir müssen sie richtig schulen, damit sie lernen, sich besser einzuordnen. Wir müssen sie unser Leben lang leiten und führen. Meistens stelle ich fest, selbst die ältesten und vermeintlich erfahrensten Menschen sind auch nur Kinder in einem alten Körper. Versteh mich richtig: Du als Teamchef solltest natürlich mit der Zeit reifer werden und bessere und bewusste Entscheidungen treffen können. Aber es gilt: Alt wird man von allein, reifer nicht.

GEFÜHLE GENAU ANALYSIEREN

Wenn du die Namen deiner Gefühle kennst, wird es Zeit, ihnen mal gründlich auf den Zahn zu fühlen. Willst du wissen, was gerade in dir los ist, musst du gute Fragen stellen! Im Wesentlichen musst du nur drei Dinge herausfinden:

» Welches Gefühl spricht da eigentlich? (Identität)
» Seit wann spricht es zu mir? (Zeitpunkt)
» Was ist zu dem Zeitpunkt passiert? (Ursache)

Wenn du diese Eckpunkte kennst, dann kannst du anfangen, in die Details zu gehen. Nehmen wir mal an, du sagst dir: »Ich fühle mich schlecht!« Was machst du, wenn eines deiner Teammitglieder dir dies mitteilt? Als Erstes musst du herausfinden, wer spricht da eigentlich? Spricht da ein einzelnes Gefühl? Wurde ein Gefühl von den anderen vorgeschickt, weil es gewohnt ist, sich mitzuteilen? Sind die anderen unsicher, ob sie überhaupt etwas sagen dürfen? Oft ist es eine Gruppe von Gefühlen, die verschiedene Aspekte eines Erlebnisses darstellen. Jetzt kommt die nächste Frage: »Seit wann habe ich dieses Gefühl?« Gerade am Anfang der Selbstreflexion ist diese Frage essenziell, denn oft bemerkt man gar nicht schnell genug, dass sich eine neue Stimme in einem bemerkbar macht. Du musst dich also fragen: »Hat sich mein Gefühl in den letzten Minuten verändert, ist es einige Stunden her, ist es heute passiert oder gestern?« Je öfter du das machst, desto schneller kannst du den Zeitpunkt eingrenzen. Der dritte Punkt – die Ursache – liegt meist schnell auf der Hand, wenn man den Zeitpunkt bestimmt hat. Es wird sich dabei vielleicht um ein Gespräch, ein Erlebnis, um etwas Gelesenes oder um einen Gedanken handeln. Wenn du diese drei Punkte benannt hast, kannst du dir ein besseres Bild vom Auslöser deiner Angst machen.

Das »innere Team« kennenlernen

Hier ein paar Beispielfragen, mit deren Hilfe ich Antworten in mir finden kann:

- » Welches Gefühl habe ich?
- » Ist es ein Gefühl oder sind es mehrere?
- » Wird ein Gefühl vorgeschickt, welche stehen dahinter?
- » Seit wann habe ich das Gefühl?
- » Woher kommt das Gefühl?
- » Was ist passiert?
- » Was hat sich verändert?
- » Kommt das Gefühl von außen?
- » Vom Handeln anderer?
- » Von Erlebnissen?
- » Von neuen Informationen?
- » Kommt das Gefühl von innen?
- » Habe ich etwas getan? (Gewissen)
- » Habe ich etwas versäumt?
- » Hat es mit prägenden Erlebnissen aus der Vergangenheit zu tun?
- » Welche Glaubenssätze oder unausgesprochene Normen habe ich daraus für mich abgeleitet?
- » Ist es eine Situation, die sich ähnlich anfühlt, aber nicht wirklich identisch ist?
- » Hat es mit antrainiertem Verhalten zu tun?
- » Mit einem Verstoß gegen soziale Normen, an die ich glaube?
- » Mit Glaubenssätzen wie »So etwas tut man nicht!« oder »So etwas sagt man nicht!«?
- » Was sagen Außenstehende zu meiner Situation?
- » Abgleich mit der gefühlten Realität von Freunden und Mitmenschen

Du merkst schon, das kann ja richtig knifflig und heikel werden! Du musst richtig penetrant fragen. Du wirst mitunter ziemlich tief graben müssen, um eine zufriedenstellende Antwort zu finden. Erst wenn du die Spur genau zurückverfolgen kannst, wirst du eine Lösung finden, mit der alle deine Gefühlsteammitglieder gut leben können. Sogar die Angst, die normalerweise dafür sorgt, dass du dich schüchtern und gehemmt verhältst! Eine gute Lösung muss deine Gefühle in Einklang bringen. Wenn du ein Gefühl unterdrückst, kommt es einfach an einer anderen Stelle wieder zum Vorschein. Es wird nicht von allein weggehen, sondern unbemerkt an dir nagen. Also lass den Quatsch und hör dir an, was deine Gefühle dir sagen möchten!

WIDERSPRÜCHE UND MISSVERSTÄNDNISSE AUFDECKEN

Perfekt wäre es natürlich, wenn Selbstreflexion nach dieser Gleichung funktionieren würde: ein Gefühl → eine Ursache → eine Lösung. Was soll ich sagen? Das Leben ist kein Ponyhof! Wie du sicherlich selbst immer wieder erlebst, befinden sich deine Gefühle hin und wieder im Zwiespalt, wie eine Situation am besten zu lösen ist. Richtig anstrengend wird dein innerer Konflikt, wenn es zu paradoxen oder zweideutigen Situationen für dein Gefühlsteam kommt. Zwar hast du jetzt schon eine Menge drauf, aber hier wirst du gegen den Endgegner auf dem Level der Selbstreflexion kämpfen. Denn doppeldeutige Botschaften deiner Gefühlswelt zu entwirren ist der Schlüssel für ein gesundes Verhältnis zu dir selbst und zu deinem sozialen Umfeld. Dies gilt insbesondere für Schüchterne, da sie besonders stark nach einem Feedback anderer Ausschau halten und daher anfällig dafür sind, im Verhalten eines Mitmenschen zugleich eine Aussage über den eigenen Wert zu suchen. Und rate mal: Oftmals finden sich tatsächlich versteckte Botschaften im Verhalten der Mitmenschen, die einen echt um den Verstand bringen können. Schüchterne sind nämlich nicht die einzigen Menschen da draußen, die Probleme mit ihren Gefühlen haben!

Ein amüsanter, aber lehrreicher Klassiker zum Thema »versteckte Botschaften« ist dieser:

Sie (lächelnd): »Schatz, welches Kleid gefällt dir besser? Das blaue oder das schwarze?«
Er: »Das blaue Kleid.«
Sie (sichtbar enttäuscht): »Ach, und in dem anderen findest du mich nicht hübsch?«

Das klingt vielleicht lustig, weil jeder solche Dialoge kennt. Der Mann hat alles gemacht wie gewünscht und hat es trotzdem komplett verbockt. Sein armes Gefühlsteam wird hier völlig verwirrt. Erst durch Selbstreflexion lässt sich das zugrunde liegende Problem eruieren. Die Frau fragt zwar nach einer sachlichen Information – »Was gefällt dir besser?« –, in ihrer Antwort wird aber deutlich, dass sie nach einer Wertung ihrer Person gesucht hat, also für ihre Gefühlsebene. »Im anderen findest du mich nicht hübsch?« – ergo hässlich. Der arme Typ konnte es also von Anfang an nicht richtig machen, obwohl er situationsgerecht geantwortet hat.

Wenn du jetzt noch lachen kannst, dann zieh dir mal das nächste Beispiel rein. Hier wird nämlich deutlich, wie tiefgreifend diese Art von Kommunikation die eigenen Gefühle verwirren kann. Außerdem wirst du jetzt feststellen, dass unsere Gefühle tatsächlich immer Kinder bleiben, die einen reifen Teamchef benötigen, um Klärung für ihr Problem zu finden:

Mutter zum Kind: »*Könntest du den Müll rausbringen?*«
Kind: »*Nö, ich gucke grad einen Film.*«
Mutter (enttäuscht): »*Ja, dann schau halt weiter! Echt toll, wie hilfsbereit du mal wieder bist, wo ich doch alles für dich tue!*«

Bäm! Was ist hier passiert? Das Gefühlsteam beim Kind schlägt Alarm, denn irgendetwas stimmt hier absolut nicht. Auf der sachlichen Ebene wird um einen Gefallen gebeten. Dem Kind wird also der Eindruck vermittelt, es könne eine freie Entscheidung treffen, die nicht an Bedingungen geknüpft ist. Die Reaktion sorgt jedoch für eine komplette Irritation: Das Kind erhält die sachliche, aber ironische Aufforderung: »Schau halt weiter.« Auf der unausgesprochenen Gefühlsebene wird ihm aber vermittelt, versagt zu haben, weil es die Liebe der Mutter nicht erwidert hat – »wo ich doch alles für dich tue«. Sachlich gesehen stand das aber gar nicht zur Debatte.

Diese Art Kommunikation, etwas Sachliches zu sagen, im Subtext aber eine zweite Botschaft oder Erwartung zu verstecken, sorgt für extreme innere Spannungen im Gefühlsteam. In der Psychologie ist das obenstehende Verhalten als Doppelbindungstheorie (double bind)[8] bekannt. Als Kind wird man – aufgrund der Abhängigkeit gegenüber den Eltern – selbstverständlich versuchen, sich anzupassen und immer wieder feststellen, dass es unmöglich ist, sich »richtig« zu verhalten. Das ist nicht nur unheimlich frustrierend, sondern hinterlässt auch Spuren im eigenen Handeln: Beim Kind entsteht dann ebenfalls die Strategie, derartige Konflikte durch paradoxes Verhalten zu »lösen«. Es ist wenig verwunderlich, dass sich dieses Phänomen nicht nur auf die Kindheit beschränkt. Aber vor allem in der Kindheit entstehen und verfestigen sich unsere unbewussten Verhaltensweisen.

Auch viele augenscheinlich erwachsene Menschen gehen deshalb so miteinander um, wenn sie es nicht gelernt haben, ihr Gefühlsteam in seiner Gesamtheit zu verstehen und differenziert über ihre Gefühle zu sprechen. Selbst wenn es nicht pathologische Ausmaße annimmt, bleibt diese Art zu kommunizieren ein Problem, das man lösen muss. Falls du dich hier wiedererkennst, gibt es ein paar Ansätze, um solche Doppelbindungen wie ein echter Teamchef zu beseitigen.

Der Kommunikationsdefekt in den obigen Beispielen entsteht durch die Verschleierung der wahren Motive. Nachdem du ein paar Mal festgestellt hast, dass du es dem anderen nicht recht machen kannst – vollkommen egal wie sehr du dich bemühst –, bemerkst du, dass es eine zweideutige Botschaft gibt. Ob der andere dies zugibt, spielt erst mal keine Rolle – wichtig ist nur, dass du erkennst, was hier gespielt wird, und dass du nicht mitmachst. Hat man erkannt, dass es zwei Botschaften gibt, dann muss man diese auch klar trennen und jeweils separat beantworten. Wie geht das?

Man durchschlägt die Doppelbindung, indem man durch zwei getrennte Aussagen beide Anteile der Botschaft separat adressiert – einmal auf der Sachebene und einmal auf der Gefühlsebene. Nehmen wir den Mann im ersten Beispiel: Wenn er zunächst bemerkt, dass die Frau eigentlich nach Bestätigung und Wertschätzung sucht, könnte er sagen: »Du siehst wunderschön aus! Ich denke für heute Abend ist das blaue Kleid gut geeignet.«

In der Praxis müssten die beiden natürlich oft und vor allem offen über ihr Selbstwertgefühl und das Bedürfnis nach Bestätigung reden. Der Subtext darf also nicht ständig nur einseitig adressiert werden, ansonsten würde der Mann das Spiel ja mitspielen. Für den Moment ist es aber eine Lösung, um heil aus solch einer Situation rauszukommen. Um den Dialog zu suchen, könnte der Mann aber auch sagen: »Du versteckst hinter der Kleiderfrage eine Frage darüber, ob ich dich schön finde. Warum tust du das? Warum bist du verunsichert?« Damit wird klar ausgedrückt, dass man zwei Botschaften erkannt hat und um Klärung bittet.

Und das Beispiel mit der Mutter? Hier wird es etwas schwieriger, denn das Kind kann ja keine reife Reaktion zeigen, weil es gar nicht weiß, was mit ihm passiert. Eine mögliche Reaktion könnte lauten: »Mama, ich helf dir gern. Darf ich zuerst den Film noch zu Ende gucken?« Damit hätte das Kind zumindest theoretisch auf beide Seiten der Botschaft reagiert. In der Praxis ist es aber viel eher darauf angewiesen, dass ein unbeteiligter Dritter erkennt, was hier gespielt wird und korrigierend eingreift.

Was heißt das für uns Schüchterne? Wenn dich mal wieder eine Reaktion eines Mitmenschen verunsichert, dann sprich ihn oder sie direkt darauf an. Du musst dir nicht stundenlang den

Kopf zerbrechen, nur um am Ende herauszufinden, dass du komplett falsch lagst! Hak nach! Frag einfach: »Wie hast du das gemeint?« So simpel ist es. Nimm auf keinen Fall an, dass andere sich über jeden einzelnen Satz den Kopf zerbrochen haben, bevor sie ihn aussprechen. Das mag für Schüchterne überraschend sein, aber ja – es gibt auch Menschen, die nicht so lang über einen Satz nachdenken!

Ich weiß, Level 2 ist ganz schön heftig, das schwerste Level von allen! Die Liste der Fragen am Anfang klingt so einfach. Ein bisschen wie ein Handbuch, das man einfach befolgen kann und dann flutscht es von allein. In Wirklichkeit gleicht es eher einem Langstreckenlauf, bis man seine Ängste wirklich verstehen und einordnen kann. Denn es erfordert eine Menge Ehrlichkeit und Willenskraft, sich seinen größten Ängsten zu stellen.

Ich kenne mich mittlerweile zwar ganz gut, trotzdem schlittere ich immer wieder in Situationen, in denen ich nicht weiß, wo oben und unten ist. Nur weil ich einen Weg gefunden habe, mit meiner Schüchternheit umzugehen, heißt das nicht, dass sie mir nie mehr begegnet. Aber mithilfe der Selbstreflexion vermag ich, meine Lage einzuschätzen und meine Ausrichtung zu überprüfen. Die Ursachenforschung überrascht einen manchmal mit Wahrheiten, die man nicht für möglich gehalten hätte. Also lass dich nicht verunsichern! Wenn du Level 2 meistern kannst, bist du schon weiter, als viele Menschen in ihrem Leben je kommen werden. Erst wenn du dich und dein Verhalten wirklich verstehen kannst und weißt, warum du dich wann wie verhältst, bist du frei in deinem Kopf. Dann ist es dir möglich, diffuse Ängste und Zweifel aus deinem Unterbewusstsein ans Tageslicht zu befördern und mit ihrer Hilfe aktiv an einer Lösung zu arbeiten.

LEVEL 3: MACH EINE ROUTINE DRAUS!

Als eine Art Prophylaxe kann Level 3 angesehen werden: Ich betreibe meine Psychohygiene täglich und reflektiere alle neuen Gefühle, die mir tagsüber untergekommen sind. Der Vorteil davon ist, dass ich meinen Tag dann »glatt« abschließen kann. Dadurch passiert es mir nicht, dass ich wochen- oder monatelang mit einer ständig wachsenden Last durch den Alltag renne und dann plötzlich beim kleinsten Vorfall in Gefühlsturbulenzen oder Panik gerate. Gefühle können sich verselbstständigen, wenn wir sie ignorieren und hoffen, dass sich alles von allein wieder einrenkt.

Unser Körper weiß in der Regel sogar sehr gut, was er benötigt. Wenn er Energie und Nährstoffe braucht, haut er das Signal »Hunger!« raus. In der Regel durch Magenknurren. Bei mir steigt dann auch gern das Konfliktpotenzial, und ich bekomme Kopfschmerzen. Leg dich niemals mit mir an, wenn ich Hunger habe! Beim Thema Hunger erhalten wir ein Signal, und für gewöhnlich arbeiten wir es auch zeitnah auf. Kein normaler Mensch würde tagelang ein Hungersignal ignorieren, bis zu dem Punkt, an dem er schon vergessen hat, warum er so aggressiv und unausgeglichen durch die Gegend rennt. Du wirst dann immer wissen: Mir geht es schlecht, weil ich nichts gegessen habe.

Was Gefühle angeht, ist es etwas tricky, da wir sie ohne Probleme über Wochen, Monate oder sogar Jahre ignorieren können. Dann entsteht etwas, das ich gern als abgerissenen Gefühlsklumpen bezeichne: Das Gefühl kann zwar benannt werden, aber es fehlt jede Verbindung zum ursächlichen Geschehen. Alles, was du siehst, ist ein diffuses Knäuel an Emotionen, aber du weißt schon lange nicht mehr, warum du dich jeden Tag so schlecht fühlst.

Dafür kann ich dir gern wieder ein Negativbeispiel von mir zur Abschreckung liefern: Erinnerst du dich noch an den Abschnitt über Perfektionismus? Ich hatte mir meinen teuren Ausrutscher eine Weile lang nicht verziehen und schleppte meine Schuldgefühle einfach so mit durch den Tag. Mein Kopf sagte: »Alles okay Melina, das passiert mal.« Aber meine Gefühle sprachen eine völlig andere Sprache. Und weil ich es versäumt hatte, mal Klarschiff in meiner Gefühlswelt zu machen, rannte ich wochenlang mit einem Emotionsklumpen herum, der immer größer und größer wurde, bis ich dachte, er würde mich erdrücken. Ich fühlte mich schrecklich mies und hatte schließlich gar keine Ahnung mehr, warum überhaupt. Das passiert, wenn man seine Gefühle nicht zeitnah aufarbeitet! Man muss seinen Gefühlsklumpen wirklich mal scharf ansehen und ihn fragen: »Hey, was genau bist du eigentlich?« Meist zerfällt er dann in seine einzelnen Bestandteile. Ein Teil dieses Klumpens? Erstens schämte ich mich fürchterlich für meinen Fehler und hatte Angst, wie ein gedemütigter Trottel dazustehen. Zweitens: Mein Selbstwertgefühl wurde direkt angegriffen. Ich hatte versagt und fühlte mich schuldig. Drittens und das war der größte Anteil: Ich hatte in dieser Sache nach Selbstbestätigung gesucht und auf einen Erfolg gehofft. Als aber alles nach hinten losging und zum Misserfolg wurde, fühlte ich meine ganze Kompetenz infrage gestellt.

Heute kann und will ich meinen Tag nicht mehr mit einem Klumpen unverdauter Gefühlsbrocken beenden, und das musst du auch nicht tun! Jedes Mal wenn ich meine Probleme buchstäblich mit ins Bett genommen hatte, geschah so einiges: Einschlafprobleme waren da noch der niedliche Anfang. Unruhiger Schlaf, gefolgt von dem »schönen« Gefühl am Morgen, mit einer Bratpfanne verprügelt worden zu sein. Albträume ließen auch nicht lang auf sich warten, und bei mir kam auch noch Zähneknirschen dazu, sodass ich am nächsten Morgen mit starken Schmerzen in Kiefer und Kopf aufwachte.

Das kannst du dir alles ersparen! Was ich in Level 1 und 2 beschrieben habe, kann man also auch täglich vorm Schlafengehen noch einmal für sich durchgehen. Meistens reichen mir fünf Minuten dafür, denn die Erlebnisse des Tages sind ja dann noch frisch. Ich gehe meine Erlebnisse im Geiste durch wie Karteikarten und bewerte in kurzer Zeit meine Empfindungen dabei: Sind es Gefühle, bei denen ich die Ursache bereits kenne? Wie habe ich beschlossen, diese zu bewerten? Sind es Schuldgefühle? Brauche ich sie noch, oder haben sie keine Berechtigung? Wenn ich auf Lücken stoße und mir manche Gefühle nicht auf Anhieb erklären kann, frage ich eben weiter, so wie ich es in Level 2 ausgeführt habe. Bemerke ich zum Beispiel, dass jemand etwas gesagt oder getan hat, das mir einfach keine Ruhe lässt, dann frage ich mich: »Ist es so schlimm, dass ich denjenigen darauf ansprechen sollte, oder kann ich es einfach zu den Akten legen und vergessen?« Ist die Antwort nein, kann ich trotzdem einigermaßen beruhigt schlafen gehen, denn dann weiß ich immerhin, dass ich eine Handlungsaufforderung für den nächsten Tag und meinen Teil der Problembewältigung geleistet habe.

WAS AUFARBEITUNG BEDEUTET:
1. Ich weiß, wodurch mein Gefühl ausgelöst wurde.
2. Ich habe eine Entscheidung getroffen, wie ich damit umgehen will.
3. Ich habe das getan, was in meiner Macht stand, um das Gefühl zu erkennen. (Liegt die Kontrolle innerhalb oder außerhalb meines Einflusses?) Dazu gehört: die eigene Wahrnehmung mit einem Freund oder Partner besprechen, um die Stimmigkeit der Wahrnehmung zu bewerten. Und notfalls Emotionen mit der auslösenden Person besprechen.

Es ist für mich sehr wichtig, meine Emotionen vom Tag aufzuarbeiten. Wenn ich es nicht tue, meldet sich ganz schnell mein Gedankenkarussell zurück, und die Selbstzweifel nehmen einen Raum ein, der ihnen gar nicht zusteht.

LEVEL 4: ÜBER SICH HINAUSWACHSEN

Wer Level 1 bis 3 gemeistert und den Ballast reduziert hat, wird in Level 4 eine absolute Superkraft dazugewinnen: Nämlich die, dass man manche Gefühle schon vorausahnen kann, wenn man sich selbst gut kennengelernt hat.
Ich weiß sehr genau, in welchen Situationen ich es mit der Angst zu tun bekomme: Vor allem dann, wenn ich über mich und meine Arbeit reden soll oder auf fremde Gesichter treffe. Das ist mit der Zeit besser geworden, aber du kannst mir getrost glauben, es fällt mir dennoch nach wie vor nicht ganz leicht. Vor einer großen Menge fremder Menschen meine Meinung zu vertreten gehört nicht zu meinem natürlichen Lebensraum. Ich weiß aber immer: Der Ausgang wird ein positiver sein. Ich habe meine Komfortzone ganz bewusst verlassen für einen größeren Gewinn als den des Wohlfühlfaktors. Nämlich Mut, Stärke und vor allem Wachstum. Diese drei bekommst du immer, wenn du dich überwindest. Selbst, wenn nicht alles hundertprozentig glatt läuft. Sogar manchmal gerade dann. In Situationen, in denen man bisher nur Probleme, Panik oder Totalausfälle befürchtet hat, lässt sich dann auch eine andere Perspektive einnehmen.
Ich kann zum Beispiel sagen: »Macht mich diese Situation nervös, dann ist das gut, denn sie verhilft mir zum Wachstum.« Ein Problem von dieser Seite ansehen zu können, bringt uns das größte Wachstum. Wir sind uns zwar unserer Schüchternheit und der anderen Ängste bewusst, aber gefühlsmäßig so weit ge-

kommen, dass die Panik nicht mehr jedes Mal die Oberhand bekommt. Dadurch können wir endlich überlegt und kontrolliert einen Schritt aus unserer Komfortzone herausgehen und neue Erfahrungen sammeln. Wenn du dein inneres Team also gut kennst, dann kannst du in vielen Situationen schon voraussehen, wie die Reaktion deiner inneren Teammitglieder ausfallen und welche emotionalen Auswirkungen das auf dich haben wird. Du kannst schon abschätzen, wen du betreuen und trösten musst oder wen du etwas pushen und motivieren solltest. Ich bin mir sogar relativ sicher, dass du oft schon vorher weißt, wie du dich in manchen Situationen fühlen wirst. Nur hast du bis jetzt vermutlich immer auf das eine große, superlaute Teammitglied Angst gehört. Aber das sollte sich ab jetzt ändern. Denn dieses Prinzip ist so etwas wie ein Universalschlüssel für deine Gefühlswelt. Es ist nicht immer leicht, den Gründen für die eigene Schüchternheit auf den Grund zu gehen, aber ich verspreche dir, dass es sich lohnt. Immer!

DEIN INNERER DIALOG – SCHLUSS MIT DER SELBSTSABOTAGE!

Worte haben eine große Macht und enorme Auswirkungen auf unsere Gefühlswelt. Und genau deshalb hat auch unser innerer Dialog eine Menge damit zu tun, wie wir uns fühlen und wie wir die Welt um uns herum bewerten.
Ich habe im letzten Kapitel beschrieben, wie wichtig es ist, die Angst als einen Teil von sich anzuerkennen und sie nicht einfach zu verdrängen. Sie gehört genauso wie alle anderen Persönlichkeitsanteile zu uns und will nur angehört und verstanden werden. Da du das nun weißt, lass los! Hör auf, dich selbst zu attackieren und schlecht zu machen, wenn du es nicht immer schaffst, deine Komfortzone zu verlassen. Vielleicht denkst

du dir: Ist doch egal, wie ich mit mir selbst rede. Das geht ja nun wirklich niemanden etwas an. So egal ist es aber nicht. Du kommst nicht weiter, wenn du dich gedanklich immer selbst herunterputzt, wenn du etwas nicht umsetzen konntest, wie du wolltest. Kleiner Auszug aus meinem eigenen Repertoire gefällig?

» Melina, du Flasche, du konntest es nicht einmal schaffen, deine eigenen Freunde zu begrüßen, nur weil noch jemand Fremdes dabei war.
» Du dämliche Kuh, du hattest nichts weiter zu tun, als einfach mal den Mund aufzumachen.
» Du bist wirklich zu nichts zu gebrauchen. Was soll aus dir nur werden?

Du fügst dir gewaltigen Schaden zu, wenn du so über dich selbst denkst. So unversöhnlich mit sich selbst umzugehen, macht die Lage für dich noch viel schwerer, als sie ohnehin schon ist.
Jetzt stell dir mal vor, diese Aussagen hättest du jemandem aus deiner Familie oder einer deiner Freundinnen an den Kopf geworfen. Hättest du das jemals getan? Würdest du dich trauen, jemanden herunterzuputzen, sodass er sich fühlt wie das schwärzeste Loch im Universum? Nein? Aber vor dir selbst machst du nicht Halt. Du hältst dich für einen Niemand, der es verdient hat, dass man so mit ihm redet. Worte können ein Geschenk sein. Man kann sie nutzen, um jemanden aufzubauen, zu ermutigen, ihm zu neuer Willenskraft und Zuversicht zu verhelfen. Man kann sie aber auch einsetzen wie eine Waffe und alles um sich herum damit in seine Einzelteile zerlegen.
Deine Realität resultiert aus dem, was du glaubst. Das heißt, wenn du dir den ganzen Tag erzählst, wie unnütz und unbeholfen du bist, dann ist das deine Realität. Alles, was du in deiner

Außenwelt wahrnimmst, resultiert aus deiner inneren Wahrnehmung. Und wenn du mit dir selbst nicht im Reinen bist, ist es sehr wahrscheinlich, dass du deine Gefühle auch auf andere Menschen projizierst. Ich habe mich eine ganze Weile selbst beobachtet und bin dabei auf ein paar Situationen gestoßen, die dir vielleicht ebenfalls nicht ganz fremd sind:
Ich betrete einen Raum und sehe, wie in der Ecke des Raums ein paar Frauen miteinander tuscheln. Der Grund? Die lästern auf jeden Fall über mich! Wahrscheinlich sieht meine Frisur aus wie ein Vogelnest, mein Lippenstift ist verschmiert, und die haben bestimmt auch sofort gemerkt, wie unvorteilhaft ich in meiner Jeans aussehe. Klare Sache!
Einen Tag später stehe ich im Supermarkt an der Kasse. Die Kassiererin hat einen echt langen, anstrengenden Tag hinter sich. Hat sie vielleicht deshalb etwas ruppig reagiert, als ich meine EC-Karten-PIN noch einmal neu eintippen musste? Ach was, ich bin mir sicher: In Wahrheit hasst sie mich! Sie kennt mich zwar nicht, aber bestimmt hat sie was gegen mich. Wieso konnte ich nicht einfach die PIN-Nummer richtig eingeben?
Oh, und mein neuer Auftraggeber möchte gern, dass ich eine Präsentation halte. Ist der irre? Der will mich doch garantiert vorführen! Der merkt doch, dass ich nicht gern vor anderen rede, warum macht er das mit mir? Ja, da kann man nur sagen: Herzlichen Glückwunsch zu so viel Selbstsabotage! Ich würde ja lachen, wenn es nicht so furchtbar traurig und frustrierend wäre.

IMMER IM RAMPENLICHT

Ich habe mich wegen meiner Schüchternheit oft wie ein Alien gefühlt, das von allen Menschen angewidert angestarrt wird. Alle glotzen nur auf mich und warten auf einen falschen Move von mir. So, als würde ich permanent auf einer Bühne stehen und Angst haben, dass das Publikum im nächsten Moment faule Eier und Tomaten nach mir wirft. Irgendwann sagte mein Mann zu mir ein paar sehr wahre Worte: »Melina, du bist gar nicht wichtig genug, dass dich jeder Mensch wahrnimmt!« Das saß.

Mach ein kleines Gedankenexperiment mit: Stell dir vor, du bist mit einer einzigen Person in einem Raum. Wie wahrscheinlich ist es, dass sie nur über dich nachdenkt? Bereits an diesem Punkt muss ich einhaken: Wusstest du, dass 60 Prozent dessen, was du im Gesicht deines Gegenübers wahrnimmst, keine Reaktion auf dich ist, sondern nur dessen inneren Zustand anzeigt? Dass seine Körpersprache und sein Gesichtsausdruck eine Reflexion des inneren emotionalen Zustands dieser Person sind. Und dazu gehört eine Vielzahl von Faktoren, die nichts mit dir zu tun haben. Also selbst, wenn du mit einer anderen Person allein in einem Raum bist, wird sie nicht ausschließlich über dich nachdenken, sondern eher über sich selbst.

Dann machen wir mal weiter: Wie sieht es aus, wenn du mit zehn Leuten zusammen in einem Raum bist? Denken die alle nur über dich nach? Richten zehn verschiedene, unbekannte Leute all ihre Energie nur noch auf eine einzige Person – dich? Und jetzt stell dir dieselbe Situation noch einmal mit 100 Personen vor. Denken die alle nur über dich nach? Du merkst schon, langsam wird es schräg!

Psychologen bezeichnen dieses Phänomen als Spotlight-Effekt[9]. Sozialphobiker bilden sich ein, dass alle Welt auf sie starrt und die volle Aufmerksamkeit darauf richtet, was sie gerade tun. Als Schüchterner überschätzt man also die eigene Wichtigkeit viel zu sehr. Wie schwer es überhaupt ist, die Aufmerksamkeit anderer Personen zu fesseln, können dir sicher alle bestätigen, die schon einmal auf einer Bühne standen: Nach spätestens 15 bis 20 Minuten bemerkt man, wie die Blicke der Zuhörer abschweifen. Glaubst du jetzt immer noch, die ganze Welt starrt dich an? Die Menschen sind einfach mit ihren eigenen Problemen beschäftigt. Ich muss sagen, als Schüchterne fasse ich das als sehr erfreuliche Nachricht auf. Dass die anderen gar nicht die Kapazitäten haben, mich permanent bei meinen Aktivitäten zu beobachten, ist doch sehr beruhigend, oder nicht? Natürlich hat mein innerer Dialog auch unmittelbare Folgen für das Miteinander mit anderen. Was passiert zum Beispiel, wenn ich meine Meinung über mich selbst höher bewerte als die Meinung der anderen?

SICH MIT DEN AUGEN ANDERER SEHEN

Ich kann mich an so viele Situationen erinnern, in denen es völlig egal war, wer und wie oft man mich lobte – meine eigene Meinung stand fest und konnte durch nichts erschüttert werden. »Es kann nur eine Wahrheit geben – und das ist meine!« Ich sah alles vollkommen anders und rechtfertigte meine abwehrende Reaktion immer folgendermaßen: Ich kenne mich selbst am besten. Die anderen wissen gar nicht, wie es in mir aussieht! Ein externes »Das-hast-du-gut-gemacht« war also völlig wertlos und drang gar nicht bis zu mir durch. Dass jemand meine Leistung für gut und lobenswert hielt, war nicht relevant. Ich kannte tausend Gründe, um Komplimente zu negieren oder abzuweisen.
Und machen wir uns nichts vor, andere bemerken das natürlich! Im Grunde genommen teilt man dem anderen nämlich dadurch mit: »Deine Meinung ist mir gar nicht wichtig, ich sehe das nämlich eh anders!« Wenn man dieses Verhalten auf die Spitze treibt, kommt dabei übrigens nicht heraus, dass andere sich noch mehr Mühe geben, dich zu überzeugen. Sie versuchen es vielleicht ein paar Mal, aber irgendwann geben sie ent-

mutigt auf. Daran sind auch schon Beziehungen zerbrochen. Niemand hat Lust, gegen so einen Hurrikan aus geballter Zerstörungskraft zu kämpfen. Irgendwann sagen die Leute einfach gar nichts mehr und lassen einen machen. Sie fühlen sich dann nämlich selbst nicht mehr geschätzt und halten ihre Meinung für überflüssig. Das kann ein echter Teufelskreis sein, denn gerade für Schüchterne ist es essenziell, sich mit einem Vertrauten auszutauschen, das habe ich selbst immer wieder festgestellt. Es muss unbedingt ein Abgleich der eigenen Wirklichkeit erfolgen. In einem Gespräch mit deiner besten Freundin oder deinem Ehepartner entdeckst du dann möglicherweise überrascht, dass du gar keine Bewertungskriterien für »gute Leistung« oder »schlechte Leistung« hast. Für wen ist deine Leistung zu schlecht? Wer hat dir überhaupt mitgeteilt, was als gut gilt? Womit wir wieder bei der Ursachenforschung (Level 2 der Selbstreflexion) wären. Zusammen kann man das wesentlich leichter ergründen. Das kann aber nur funktionieren, wenn du dich öffnest und auch bereit bist anzuerkennen, dass andere anders über dich denken als du selbst. Akzeptiere, dass Außenstehende dir einen Blickwinkel liefern können, der dir selbst fehlt, aber sehr wichtig ist!

Wie du dich siehst und über dich redest, ist entscheidend für deine Realität! Wer sich bewusst auf das Positive konzentriert und nachsichtig mit sich selbst umgeht, hat auch eine andere Außenwahrnehmung und dreht damit den Spieß um. Also fang an, liebevoller mit dir selbst umzugehen.

Beobachte bewusst, wie du über dich selbst redest und welche Worte du dafür verwendest. Überlege, was du zu anderen in deiner Situation sagen würdest. Eine Möglichkeit, gegen den inneren Kritiker zu gewinnen und von negativen »Selbstgesprächen« loszukommen, sind zum Beispiel Affirmationen. Was das ist und wie sie dazu beitragen können, ein positiveres Selbstbild zu fördern, beschreibe ich im Abschnitt »Der Wert von Affirmationen«. Du kannst auch gleich dort weiterlesen, wenn du neugierig bist. Manche Schüchterne überwinden ihre Scheu irgendwann nach und nach, weil sie feststellen, dass sich ihre eigene Beobachtung gar nicht mit derjenigen der anderen deckt. Je mehr sie mit anderen Menschen über ihre Empfindungen, Beobachtungen und Gefühle reden, desto mehr geht ihnen ein Licht auf: »Oh! Die anderen halten mich für kompetent, klug, freundlich – alles, was ich selbst nicht von mir denke.«

Wir müssen versuchen, uns mit den Augen anderer zu sehen, wenn wir freier werden wollen. Wenn andere gut finden, was wir machen, dann kann es nicht schlecht gewesen sein. Unsere innere Wahrnehmung ist nur ein Teil der Gleichung. Für eine ausgewogene Bewertung brauchen wir Feedback von außen, um uns ein umfassendes Bild machen zu können! Insbesondere, wenn andere dich loben oder etwas Schönes über dich sagen, musst du lernen, ihre Meinung wertzuschätzen. Wenn ich positives Feedback erhalte, dann versuche ich es zu betrachten wie eine Urkunde oder einen Pokal. Jedes Lob ist ein Pokal, den ich sammle und mental in meine Vitrine mit positiven Erlebnissen einsortiere. Um das zu visualisieren, kannst du zum Beispiel anfangen, ein Erfolgstagebuch zu schreiben oder Erfolgsmomente in einem Glas zu sammeln. Wenn jemand etwas Nettes zu dir sagt, schreib es gleich auf. Du wirst es irgendwann brauchen, da kannst du dir sicher sein.

Ein Erfolgstagebuch schreiben

Wie das Wort schon vermuten lässt, werden in einem Erfolgstagebuch die kleinen und großen Erlebnisse des Alltags notiert. Und zwar nur die schönen. Häufig konzentrieren wir uns nur auf unsere Schwächen und die Misserfolge des Tages. Dabei gerät alles Schöne in den Hintergrund und man beendet den Tag mit dem unguten Gefühl, dass wieder mal »alles« schiefgelaufen ist. Schreib dir jeden Tag mindestens drei Punkte auf, für die du dankbar bist, oder Ereignisse, über die du dich gefreut hast.

Das Erfolgstagebuch kann

- dein Selbstvertrauen steigern,
- dir das Gefühl geben, etwas Wertvolles geschafft zu haben,
- deine Wertschätzung für die kleinen Dinge im Alltag fördern,
- dir helfen, dich bewusst auf etwas Positives zu konzentrieren,
- dafür sorgen, dass du ausgeglichen und ohne Schuldgefühle den Tag beendest.

Du brauchst dazu nur: ein kleines Notizbuch, einen Stift und drei bis fünf Minuten Zeit. Klingt machbar, oder?

Genauso funktioniert übrigens auch die Idee mit dem sogenannten »Jar of Awesome«. Wenn du dir selbst einmal ein richtig wertvolles Geschenk machen möchtest, dann besorg dir ein Ball Mason Jar (wenn du nicht eh schon eine ganze Armada davon hast). Diese schönen, bauchigen Einmachgläser – die du bestimmt von Pinterest kennst, wo tagein tagaus sündhaft schöne Interior-Fotografie mit diesen Gläsern hochgeladen wird. Wenn du genauso mies wie ich im Wertschätzen der vielen klei-

nen Momente bist, dann mach es so: Pack dir das Glas schön prominent auf deinen Nachttisch oder Küchentisch und immer, wenn etwas wirklich Cooles in deinem Leben passiert, lautet das Erfolgsrezept, das tolle Ereignis aufschreiben, ins Glas legen und für später konservieren. Du glaubst, du wüsstest Monate später noch, was du Schönes erlebt hast – aber Überraschung: Das stimmt nicht. Du weißt nicht einmal mehr, was du morgens zum Frühstück hattest. Also schaust du einfach in dein Glas, wenn du deprimiert bist, und schon sieht die Welt gleich viel erfreulicher aus.

LERNEN, ÜBER GEFÜHLE ZU REDEN

Vergleichsweise leicht fällt es noch, den Blick auch mal auf positive Dinge zu lenken. Dafür muss man eigentlich nichts weiter tun, als anderen genau zuzuhören und innerlich nicht gleich »Nein, das sehe ich anders!« zu schreien. Wenn man sich aber anderen wirklich öffnen möchte und freier werden will, gehört wohl oder übel auch dazu, über Gefühle zu sprechen. Ja, über alle! Die negativen, die positiven und überhaupt alles, was einem ansonsten super belanglos vorkommt.

Wenn du schüchtern und in einer Beziehung bist, hat dein Partner es vermutlich nicht so leicht mit dir. Muss man dir jedes Wort aus der Nase ziehen? Findest du, dass manche Dinge nicht gesagt werden müssen, weil sie ja »sonnenklar« sind? Oder dass du nicht alles mit deinem Partner besprechen musst, weil du das ja mit dir selbst regelst?

Ich für meinen Teil konnte in dieser Hinsicht wirklich ein harter Brocken sein: Obwohl ich das Gefühl hatte, mich keinem Menschen jemals mehr geöffnet zu haben als meinem Ehemann, bin ich für ihn in der Vergangenheit oft ein Buch mit sieben Siegeln gewesen. Über manches sprach ich einfach nicht, weil es mir unangenehm war, meine abgründigen Gedanken überhaupt in Worte zu fassen. Ich schämte mich für meine Emotionen. Ich dachte, wenn ich ausspreche, was ich denke, werde ich irgendwann für einen ganz anderen – schlechten! – Menschen gehalten. Und noch viel schlimmer als das: Ich brachte es ebenfalls nicht fertig, ihm zu sagen, wie viel er mir bedeutet, weil ich es »kitschig« oder »zu viel des Guten« fand. Das ist auch eine Form der Schüchternheit.

Kommt dir das zufällig bekannt vor? Diese Art Scham ist in einer Beziehung total fehl am Platz. Eine gesunde Beziehung lebt von absoluter Offenheit und gegenseitigem Vertrauen. Jedes Mal, wenn du dich dafür entscheidest, deine Probleme selbst zu lösen, indem du sie in dich hineinfrisst und deine Gefühle vor deinem Partner verbirgst, kratzt du damit am Fundament deiner Beziehung. Du hast jemanden, der für dich da ist und auch die unschönen Seiten des Alltags mit dir meistern will, und was tust du? Du lässt ihn am langen Arm verhungern. Nicht nur, dass du deine Gedankenwelt geheim hältst und ihm nicht zutraust, deine Gefühle zu verstehen – du entziehst ihm sogar die Aufmerksamkeit, die er genau so dringend braucht wie du, weil du es nicht fertigbringst, deine Wertschätzung zum Ausdruck zu bringen.

Falls es dir genauso geht, bist du nicht allein. »Und täglich grüßt das Murmeltier« kann ich dazu nur sagen. Ich bin sehr lösungsorientiert, ein totaler Kopfmensch und selbst in einem sehr emotionalen Streit bin ich meistens diejenige, die versucht, mit sachlichen Argumenten ans Ziel zu kommen. Nicht weil ich keine Gefühle hätte, oh nein! Ich bin hochsensibel, wir erinnern uns. Ich habe nur dummerweise lange Zeit keinen guten Draht zu meinen Gefühlen gefunden, und der leichtere Weg war damals für mich, meinen Kopf als Waffe zu benutzen, statt meinen Gefühlen überhaupt erst einmal Gehör zu verschaffen und sie für andere sicht- und verstehbar zu machen.

Das lief bekanntermaßen nur so lala: gerade gut genug, um sich durchs Leben zu schummeln, ohne extrem negativ aufzufallen, und schlecht genug, um nach einigen Jahren Ehe festzustellen, dass man immer noch kein Ass darin ist, seine Emotionen zu verbalisieren. Ich bin recht offen, ich höre mir alles an und verurteile nicht zu schnell. Nichts, was andere an Leichen im Keller haben, kann mich wirklich schocken. Vielmehr fasziniert es mich, und ich würde andere deswegen niemals ablehnen. Bei mir selbst ist allerdings Schluss. Kaum jemand erfährt etwas über mich, es sei denn, ich teile es ihm schriftlich mit. Darin bin ich relativ gut. Mein Mann scherzte immer wieder, wenn ich an Artikeln für meinen Blog saß: »Am Ende wissen deine

Leser mehr über dich als ich.« Dem ist natürlich nicht so, aber dennoch: Das gibt zu denken! Eine meiner größten Lebensaufgaben neben »mehr Menschen zu helfen« lautet also: mehr reden. Versteh mich nicht falsch: Ich kann reden – nur nicht über Gefühle. Darum musste ich bei meiner Selbstreflexion auch bei Level 1 anfangen. Als Maschine wäre ich wirklich top gewesen. Als Mensch eher »geht so«. Also auch an dieser Stelle zeigt sich wieder: Um über soziale Ängste hinwegzukommen, müssen wir dringend mit anderen über unsere Emotionen und Eindrücke sprechen! Das ist ein Muss. Ich will dir nur ungern deine Illusion nehmen, aber ich bin überzeugt davon, dass es unmöglich ist, auf lange Sicht seine Schüchternheit zu überwinden, wenn man nicht einmal im engsten Kreis brutal offen über seine Emotionen sprechen kann. Vergiss es! Ich halte das für die Basis. Gelungene Selbstreflexion umfasst immer auch die Reflexion mit einem Mitmenschen. Regelmäßig, am besten täglich. Wenn es dir schwerfällt, jeden Tag in deinem Kopf vorm Schlafengehen aufzuräumen, dann probier doch einfach mal aus, jemanden hinzuzuziehen: Ehemann, Schwester, Freund, Freundin, Eltern, ganz egal. Hauptsache, du vertraust dieser Person wirklich. Und wenn du wirklich niemanden hast, dann schreib unbedingt ein Tagebuch. Verarbeite alles, was dir durch den Kopf geht. Es muss nicht schön klingen, es muss keinen Sinn ergeben, es muss nur eines – raus aus deinem Kopf! Lass los und trag deine Gedanken nicht mit dir herum, egal, ob sie negativ oder positiv sind.

»GETEILTE FREUDE IST DOPPELTE FREUDE –
GETEILTES LEID IST HALBES LEID«

Ein uralter Aphorismus, aber absolut wahr!

Tag für Tag nur in der eigenen Realität zu leben und keinerlei Abgleich mit seinem Umfeld vorzunehmen, ist der langsame, aber sichere Tod. Du kannst dich nicht nur auf deinen eigenen inneren Kompass verlassen! Denn der erzählt dir offensichtlich zu Unrecht, dass du minderwertig bist und deine Meinung niemanden interessiert. Oder dass deine Gefühle unpassend sind. Das ist einfach nicht wahr! Alle Gefühle haben ihren Platz und ihre Berechtigung. Sie nicht zu verbalisieren, lässt sie nur größer und erdrückender werden.

Ich habe immer wieder feststellen müssen: Meistens hat es dann richtig zwischen anderen und mir geknirscht, wenn ich mich zu sehr zurückgezogen und verschlossen habe. Zu schnell wird man von seinen eigenen Gefühlen dazu verleitet, negativ von sich zu denken, Leistungen herunterzuspielen und anderen Menschen Motive anzudichten, die nicht einmal ansatzweise der Realität entsprechen. Zum Beispiel habe ich mir oft eingebildet, andere halten mich für unprofessionell oder dumm, wenn ich meine fachliche Meinung mitteilte. Oder ich dachte, keiner will mehr mit mir befreundet sein, wenn ich sage, wie finster und negativ an manchen Tagen meine Gefühlswelt aussieht.

WAS MICH HINDERTE, DIREKTER ZU SEIN

Eine weitere klassische schüchterne Verhaltensweise von mir war, dass ich Angst hatte, zu direkt zu sein und dadurch unhöflich zu wirken. Ich sprach vieles nicht aus, weil ich niemandem wehtun wollte. Selbst wenn es Dinge waren, die einfach gesagt werden mussten, um ein friedliches Miteinander herzustellen. Vieles habe ich dann in mich hineingefressen mit dem Ergebnis, dass sich andere eher von mir entfernt haben, als dass sie vor mir »geschützt« worden wären.

In vielen Fällen wäre es unglaublich leicht herauszufinden gewesen, ob ich mit meinen Gefühlen richtiglag oder nicht. »Wie hast du es eigentlich gemeint, als du XY zu mir gesagt hast?«, »Geht es dir eigentlich auch manchmal so …?«
Zwei Dinge passierten für gewöhnlich, wenn ich nicht regelmäßig meine Gefühle in Worte fasste und mich mit anderen austauschte: Entweder schwieg ich einfach, weil es in manchen Situationen meiner Meinung nach einfach nicht darauf ankam, ob ich etwas sagte. Zum Beispiel im Job. Irgendwann rächte sich meine Zurückhaltung, indem keiner mich wirklich ernst nahm und ich ewig auf der Stelle trat. Oder ich explodierte. Wegen Vorfällen, die ich verdrängte und über die ich nicht reflektierte, konnten sich die Gefühle so lange aufstauen, bis sie sich irgendwann in einem riesigen Donnerwetter entluden. Nicht nur zur Überraschung meines Umfelds, sondern auch zu meiner eigenen.
Neulich unterhielt ich mich mit einer Freundin darüber, wie schwer es mir nach wie vor fällt auszudrücken, was ich denke. Ja, immer noch, auch wenn ich schon viel dafür getan habe, mich zu öffnen. Auch ihr und vielen anderen ergeht es so. Wenn ich mit meinem Mann rede und schon das Gefühl habe, furchtbar schnulzig zu sein und gleich in einem Meer aus Kitsch zu ertrinken, guckt er immer noch ganz verständnislos aus der Wäsche und hält mich für einen emotionslosen Stein. Mein Umfeld gibt mir also nicht selten zu verstehen, dass ich ruhig noch etwas offenherziger sein könnte. Es gibt ein Zitat, das sehr gut zu meinem eigenen Gefühl passt. Sinngemäß sagte Neil Gaiman einmal in einer Rede: »Wenn du denkst, du hast alles von dir gezeigt und gegeben, erst dann fängst du an, die Chance zu haben, etwas richtig zu machen.«[10]
Zu einem weiteren Kommunikationsdesaster gehört übrigens, nicht um die nötige Hilfe bitten zu können. Ich traute mich nicht, die magischen Worte »Kannst du mir helfen?« zu sagen.

Ich war einfach zu schüchtern. Eine Verkäuferin im Geschäft anzusprechen, war da nur die Spitze des Eisbergs. Die kennt dich ja nicht einmal, da kann man schon mal eine Frage »riskieren«. Aber das ist nur eine Übung zum Warmwerden.
Oft scheut man sich einfach davor, die Zeit von Menschen in Anspruch zu nehmen, die ebenfalls ihre eigenen Sorgen haben. Daher fragt man sich: »Erscheint mir mein Problem wichtig genug? Bin ich es wert, dass mir jemand hilft? Stehle ich jemandem seine Zeit? Oder finden mich andere dumm, wenn ich frage?« Solche Fragen gingen mir immer durch den Kopf. Mal abgesehen davon, dass wir objektiv alle wissen, dass Fragen zu stellen kein Zeichen von Schwäche ist: Überlass es anderen, ob sie dir helfen wollen. Mehr als Nein können sie nicht sagen, nimm ihnen nicht einfach die Entscheidung vorweg! Das grenzt ja schon an Bevormundung. Solange du anderen die Wahl lässt und nicht fordernd auftrittst, wirst du feststellen, wie viel andere bereit sind, Hilfe zu leisten. Es ist erfüllend und schön, jemandem helfen zu können. Es ist erfüllend und schön, DIR zu helfen!
Steve Jobs sagte einmal sinngemäß:

»ICH HABE IMMER WIEDER FESTGESTELLT,
DASS EINES WAHR IST: DASS DIE MEISTEN MENSCHEN
ALL DIESE ERFAHRUNGEN NIE MACHEN, WEIL SIE NIE FRAGEN.
ICH HABE NOCH NIE JEMANDEN GETROFFEN, DER MIR NICHT
GEHOLFEN HÄTTE, ALS ICH IHN DANACH FRAGTE.«

HALLO FREMDER!

Reden ist für Schüchterne eine besonders anstrengende Sache. Dass man sogar in der eigenen Beziehung schüchtern und verschlossen sein kann, habe ich ja eben schon eindrucksvoll geschildert. Aber dann wären da ja noch die fremden Menschen. Auch mit ihnen muss man hin und wieder einmal reden. Gruselig, sehr gruselig! Da in diesem Fall die Schüchternheit natürlich die schlimmsten Auswirkungen hat, werde ich ein paar dieser gefürchteten Szenarien auseinandernehmen.

Sich durch den Tag zu schummeln, ohne mit jemandem wenigstens drei Worte reden zu müssen, wird leider kaum gelingen. Ich kenne Momente beim Bäcker, in denen ich aus heiterem Himmel etwas zu meiner Bestellung gefragt wurde und dadurch in eine Schockstarre verfiel, weil ich mit dieser Frage nicht gerechnet hatte. Ich war auf »Bitte« und »Danke«, »Ja, das ist alles« und »Auf Wiedersehen« vorbereitet, aber: »Möchten Sie die Berliner (Krapfen bzw. Pfannkuchen) mit Guss oder Puderzucker? Möchten Sie Mehrfruchtfüllung oder Pflaume?« – das war eine Frechheit. Wie konnte man mich nur so aus dem Konzept bringen?

Für gewöhnlich kamen ein paar »Ähs« und »Mhmms« aus mir heraus, und es fühlte sich an, als würde ich für eine Antwort drei Stunden benötigen, während die Dame hinterm Tresen ungeduldig von einem Bein aufs andere trat. Mein Kopf war einfach leer. Nur fürs Protokoll: Ich esse meine Berliner grundsätzlich mit Guss. Überrascht man mich allerdings mit derartigen Zusatzfragen, bin ich schnell mal von der Rolle. Manchmal kam ich aber auch gar nicht so weit, meinen Wunsch überhaupt zu äußern. In der Regel sprach ich so unglaublich leise, dass man gar nicht verstehen konnte, was ich wollte. Man stelle sich das einmal vor: Die 1,60 Meter kleine Melina steht beim Bäcker vor dem Glastresen, der mal gerade so auf Höhe ihres Halses endet, sodass sie nur knapp drüber hinwegsehen kann. Während ich also einen Blick in die Auslage werfe, halte ich natürlicherweise meinen Kopf gesenkt. Wenn ich nun bestelle, dringt der Schall meiner Stimme gerade einmal bis zur Glasscheibe vor und prallt dort ab. Genauso gut hätte ich mit mir selbst reden können. Bei

der netten Dame hinterm Tresen kam jedenfalls nicht mehr als ein leises Winseln an. Um verständlich und deutlich meine Bestellung zu übermitteln, wäre es schon einmal gut gewesen, sich mindestens auf die Zehenspitzen zu stellen und Blickkontakt zur Verkäuferin aufzunehmen. So viele Dinge auf einmal.
Hin und wieder bestand der Ausweg dann darin, einfach wahllos auf irgendetwas zu zeigen, das dicht vor meiner Nase lag. »Laugenstangen?« Nicken. »Wie viele denn? Stille. »Zwei?« Nicken. »Kommt noch etwas hinzu?« Kopf schütteln. Fertig! So kann man auch einkaufen. Nur dass ich keine Laugenstangen wollte, sondern das leckere Zeug mit der Puddingfüllung. Dieses Problem haben Schüchterne oft: Da man nicht weiß, wie das Produkt heißt, was man sieht und gern hätte, nimmt man lieber etwas, dessen Namen man schon kennt, sodass man sich nicht die Blöße geben muss nachzufragen.
Oh, oh, wenn ich daran denke, dass ich mir schon bei solchen Nichtigkeiten selbst das Leben schwer gemacht habe...! In den schlimmsten Phasen meiner Schüchternheit war es sogar eine Qual für mich, überhaupt unter Leute zu gehen, und sei es nur zum Wocheneinkauf. Ich wollte niemanden ansehen, treffen und erst recht nicht mit jemandem reden. Ich gehörte nämlich zu den Leuten, die bei Nervosität Silben und Wortendungen verschlucken und so rasend schnell reden, als wollten sie eine olympische Medaille gewinnen. Außerdem wurde ich beim bloßen Augenkontakt sofort gefühlt knallrot im Gesicht. Ich konnte ja nicht vorhersehen, über was die Leute mit mir reden wollten, das machte mir wahnsinnige Angst. Was tut man dann?

LÄCHELN IST DIE BESTE MEDIZIN – FAST IMMER

»SCHÜCHTERNE DENKEN, SIE WÜRDEN SO AUSGEDEHNT GRINSEN, DASS SIE EINE BANANE QUER ESSEN KÖNNTEN. IN WIRKLICHKEIT PASST NUR EIN CORNICHON DURCH.«

Borwin Bandelow[11]

Was habe ich mich bei diesem Zitat ausgeschüttet vor Lachen. Sehr treffend, muss ich zugeben! Vielleicht kommt es dir lächerlich einfach vor, aber ich sage dir im Brustton der Überzeugung: Lächeln ist die absolut beste Medizin, um das Eis zu brechen und sich im Umgang mit anderen zu entspannen. Gerade dann, wenn du so krass schüchtern bist, dass du rot wirst und es dir die Sprache verschlägt, wenn sich deine Augen mit denen eines Fremden treffen. Fangen wir also mit den Basics an: Lächeln ist die leichteste Übung von allen, um freier zu werden. Ja, vielleicht ist das nicht das, was du hören möchtest, aber mancher Rat ist eben schlicht und simpel.

Manchmal beobachte ich mich dabei, wie ich auf der Rolltreppe stehe, meine Gedanken schweifen lasse und dabei wie gucke? Total angespannt, die Stirn in Falten gelegt, als wenn ich schon den ganzen Tag Migräne hätte. Wie Grumpy Cat. Falls du Grumpy Cat nicht kennst – googeln, jetzt gleich! Natürlich will ich nicht mit jedem Fremden auf der Straße oder der Rolltreppe reden – du liebes bisschen, hallo? Ich bin schließlich introvertiert. Aber seit ich mich bemühe, wie ein (für meine Verhältnisse) Honigkuchenpferd zu strahlen, geht es mir wesentlich besser. Mein Umfeld lächelt zurück, und ich komme mir dann gar nicht mehr so schüchtern vor. Manchmal bekomme ich sogar die Zähne auseinander, und es tut gar nicht weh!

Ein Lächeln ist das beste Geschenk, das man jemandem machen kann. Es kostet nichts und zaubert dem anderen innerhalb von Millisekunden ebenfalls ein bisschen Freude ins Gesicht. Man stellt ganz selbstverständlich eine Verbindung her und fühlt sich besser. Psychologen haben herausgefunden, dass nicht nur ein Lächeln die Stimmung merklich hebt, sondern allein schon eine gute Körperhaltung[12]. Sich groß machen und dabei die Schultern zurücknehmen stärkt das Selbstbewusstsein.

Probier es unbedingt aus! Erst recht, wenn du von dir denkst, du seist der schüchternste Mensch auf diesem Planeten – dann ist das hier deine Übung! Sie verpflichtet nicht zur Konversation und ist die perfekte Methode, dich selbst in eine andere Stimmung zu versetzen und auch anderen ein gutes Gefühl zu geben. Das kannst du definitiv als ein richtiges Erfolgserlebnis verbuchen – yay! Wenn du dich entspannst und über dich selbst lachen kannst, kommt der Rest meistens von ganz allein. Falls du dir nicht sicher bist, welchen Eindruck andere von dir haben, bitte jemanden aus deiner Familie oder deinem Freundeskreis einmal, dir Feedback zu geben. Frag nach, woran es liegt, dass sie einen bestimmten Eindruck von dir haben. Du sollst dich nicht verstellen, schließlich ist es dein Ziel, anderen zu zeigen, wer du wirklich bist. In dir steckt ein fröhlicher, lustiger und hilfsbereiter Mensch und als ebendieser willst du auch wahrgenommen werden.

Die amerikanische Schriftstellerin Maya Angelou sagte einmal:

≋

»ICH HABE GELERNT, DASS MENSCHEN VERGESSEN, WAS MAN GESAGT HAT, DASS MENSCHEN VERGESSEN, WAS MAN GETAN HAT, ABER DASS MENSCHEN NIEMALS VERGESSEN, WELCHE GEFÜHLE MAN IN IHNEN HERVORGERUFEN HAT.«

≋

Ich mag dieses Zitat sehr. Es erinnert uns immer wieder daran, wie unwichtig es ist, was wir uns alles in unserem Kopf zusammenspinnen. Es geht nicht darum, wie wir wirken möchten, sondern darum, ob der andere sich wohlfühlt. Das ist dann nicht mehr egozentrisch gedacht, sondern ein altruistischer Ansatz: Was kann ich tun, damit der andere sich gut mit mir fühlt? Wenn ich gar nicht mehr so sehr über mich nachdenke, sondern darüber, wie ich es dem anderen angenehm machen kann, dann bin ich plötzlich auch mit mir selbst viel eher im Reinen. Ein Lächeln ist die kürzeste Verbindung zwischen zwei Menschen und schafft sofort Vertrauen und Nähe. Was ich sage und ob ich dabei nun geschickt bin oder nicht, daran erinnert sich niemand. An meinen freundlichen Gesichtsausdruck hingegen schon. Dann bin ich zu 100 Prozent ich selbst. Ohne das Gefühl, sich ungewollt in einem Casting zu befinden, wo alle Scheinwerfer auf mich gerichtet sind.

UND WAS IST MIT SMALL TALK?

Das mit dem Lächeln ist doch schon mal ein Anfang, oder? Dann wagen wir uns jetzt an den nächsten Schritt. Ich nehme an, du willst nicht nur stumm darauf hoffen, dass andere bei deinem Lächeln dahinschmelzen und dir dann die komplette Arbeit abnehmen, eine Konversation zu führen. Manchmal ist tatsächlich genau das passiert, und es ist toll, wenn Menschen einen so sympathisch finden, dass sie sich ein Herz fassen und auf dich zukommen. Aber du willst doch sicher auch selbst Gespräche führen können, ohne darauf warten zu müssen, aus der Reserve gelockt zu werden, nicht wahr? Here we go! Gerade in der Geschäftswelt lauern eine Menge Gefahren für Schüchterne, denn dort fürchtet man schnell, unter die Räder zu kommen. Oder man hat Angst, sich selbst etwas zu verbauen, wenn man nicht so stromlinienförmig ins Bild passt wie die Kollegin oder der Kollege, die scheinbar immer genau wissen, was man sagen soll. Und auf Partys, die ja eigentlich dem allgemeinen Amüsement dienen sollen, hat man als Schüchterner nicht viel zu lachen, denn auch hier braucht man folgende Superkraft: den Small Talk.

Ach, der Small Talk! Wir alle hassen ihn und trotzdem geht nichts ohne ihn. Die wichtigste Erkenntnis gleich einmal vorweg: Die Kunst des Small Talks zu beherrschen bedeutet nicht, einen ganzen Abend lang fremde Menschen zu unterhalten. Es geht auch nicht darum, sich in den Mittelpunkt zu drängen und Banalitäten auszutauschen. Sondern darum, einen ersten Eindruck voneinander zu gewinnen und Gemeinsamkeiten zu finden. Die neu gewonnenen Kontakte können dann zu einem anderen Zeitpunkt vertieft werden, müssen aber nicht. Keine Erwartungen, kein Druck! Damit hätten wir diese Superkraft gleich schon einmal entzaubert.

Ich liebe Konversationen über geheime Ängste, Leichen im Keller und Niederlagen, aus denen man viel fürs Leben gelernt hat. Aber um über solche haarigen Themen reden zu dürfen, muss man erst mal Vertrauen gewinnen. Und dazu gibt's den Small Talk. Ist ja nicht so, dass die Leute ein Schild an der Stirn kleben hätten: »Bitte sprich mich auf meine peinlichsten Erlebnisse an.« Ich rede ja schließlich auch nicht mit jedem darüber, dass ich mal so filmreif (sprich: peinlich) vom Rad gefallen bin, dass ich mich totgestellt habe und einfach liegen geblieben bin. Upps, nun habe ich es doch erzählt.

MEINE SMALL-TALK-TIPPS

So ein bisschen Fingerspitzengefühl braucht man also schon, wenn man mit Fremden unfallfrei kommunizieren will. Small Talk – das hört sich immer gleich so kompliziert an: Themen, über die man nicht reden darf. Themen, über die man unbedingt reden soll ... das nervt! So schwer, wie es klingt, ist es aber nicht. Hier kommen meine wichtigsten Tipps, um auch beim lästigen Small Talk selbstsicher und souverän zu sein:

1. Auch beim Small Talk gilt: lächeln. Das ist der erste Schritt und bricht garantiert das Eis! Ich habe dem nicht umsonst ein ganzes Unterthema gewidmet.
2. Sich richtig vorstellen, aber wie? Doris Märtin und Karin Boeck empfehlen in ihrem Buch[13] die »G-N-A-Technik«: Gruß – Name – Aufhänger. Kann man notfalls auch so lange zu Hause üben, bis es einem locker von den Lippen geht. Mehr ist als Gesprächseinstieg gar nicht wichtig.
3. Mach dich von dem Gedanken frei, dass alles Perlen der Weisheit sein müssen, die du von dir gibst. Die Perfektionistin muss zu Hause bleiben. Alle anderen plappern auch munter drauflos. Das ist der Sinn von Small Talk. Und ja, es ist auch völlig in Ordnung, über das Wetter zu reden. Wirklich!
4. Du musst gar nicht so viel selbst reden, wenn dir das nicht liegt. Jeder schätzt einen guten Zuhörer. Und dein Gesprächspartner wird sich wohlfühlen. Sich nicht in den Vordergrund zu drängen ist eine Tugend, die die meisten Menschen zu schätzen wissen, und Monologe kommen sowieso nicht gut an.
5. Reden ist Silber, Fragen ist Gold. Es geht nicht darum, dass du selbst gut dastehst. Das ist wieder die egozentrische Sichtweise, die dich keinen Schritt weiterbringt und nur eine Menge Selbstzweifel auslöst. Sei interessiert und stell Fragen zu dem, was dein Gegenüber sagt. Es wird dein ehrliches Interesse spüren und wird

automatisch schöne Erinnerungen an euer Gespräch behalten.
6. Versuch dem anderen ein Gefühl von Sicherheit zu vermitteln. Vielleicht ist dein Gegenüber ebenfalls nervös, mal daran gedacht? Zuerst an das Wohlbefinden des anderen zu denken, wird dir auch selbst helfen, deine Balance zu finden. König Charles II. soll einmal gesagt haben: »Die Kunst guter Konversation besteht darin, Unsicheren Sicherheit zu geben.«
7. Manche Gesprächspartner hören sich einfach gern selbst reden. Entscheide, was dir wichtiger ist: Den Kontakt pflegen und einfach weiter zuhören oder abhauen und die eigene Zeit sinnvoller nutzen? Du bist nicht dazu verpflichtet, dich mit jemandem zu unterhalten, der nur Blech redet. Meine Exit-Strategie? Dem anderen freundlich die Hand zum Abschied hinstrecken und sagen: »Hat mich gefreut, mit dir zu reden.« Dies ist die sicherste Art ein Gespräch galant, aber deutlich zu beenden, wenn man noch mit weiteren Personen sprechen möchte.
8. Du kannst dir sogar einen Spickzettel mit Themen machen, wenn du möchtest. Klingt doof, hilft aber. Gute Themen sind immer: Fragen, was der andere beruflich macht, über Inspirationsquellen reden (wie zum Beispiel Bücher) oder auch darüber, wie dem anderen die Veranstaltung gefällt, auf der man sich gerade getroffen hat.
9. Geh, solange es nett ist. Small Talk ist nicht dazu da, jemanden ungefragt für eine Stunde in ein Gespräch zu verwickeln. Gib dem anderen auch immer wieder die Möglichkeit, das Gespräch zu beenden. Dadurch behält Small Talk seine Leichtigkeit. Wenn du merkst, dass dein Gesprächspartner tatsächlich weiterreden

möchte, dann ist es okay. Wenn es dir reicht, dann halt dich an den Tipp Nr. 7.
10. Und zu guter Letzt: Erwarte nicht zu viel. Weder von dir noch von anderen. Nicht hinter jedem neuen Kontakt versteckt sich eine neue Freundschaft fürs Leben. Das heißt nicht, dass du deine Zeit verschwendet hast, ganz im Gegenteil: Jedes Gespräch ist eine wertvolle neue Erfahrung.

WAS TUN BEI EINEM FAUXPAS?

Irgendwann mal in ein Fettnäpfchen zu treten, wirst du kaum verhindern können. Nennt sich Leben. Es kommt der Tag, an dem du das falsche Thema anschneidest, deinem Gesprächspartner zu nahe trittst, ein Glas Wein verschüttest oder dir in einem Gespräch lieber mal auf die Zunge gebissen hättest.
Und richtig blöd wird es, wenn dir eine Geschichte so peinlich ist, dass du sie auch noch vor lauter Scham aufbauschst. Du entschuldigst dich gleich 100 000-mal hintereinander und versuchst wild fuchtelnd und gestikulierend, noch etwas an der Situation zu retten. Echt, das solltest du unbedingt sein lassen! Würde man vor Scham am liebsten im Boden versinken, verhält man sich oft so auffällig und überschwänglich, dass alles nur noch schlimmer wird und für mehr Aufmerksamkeit sorgt. Es ist, als würdest du nach so einer Aktion sogar noch rufen: »Guckt alle her, ich habe Mist gebaut und kann nicht damit umgehen. Bitte trampelt jetzt alle auf mir herum, ich habe es verdient!«
Wie willst du also mit unangenehmen Patzern umgehen? Die Sache ins Unermessliche hochstilisieren? Dich selbst blockieren und deine Energie an etwas verschwenden, das du nicht

mehr beeinflussen kannst? Wohl kaum! Das Einzige, was wirklich hilft ist: entschuldigen (und übrigens: einmal und von Herzen reicht), lächeln und weitermachen. Keinen großen Aufstand produzieren. Oder um es mit den Pinguinen aus dem Kinofilm »Madagascar« zu sagen: »Lächeln und winken, Männer!«

Das gilt sowohl für Kleinigkeiten, die nach wenigen Augenblicken vergessen sind, als auch für die großen Geschichten, die einem richtig leidtun und andere verletzt haben. Alles geht vorbei, aber es hilft dir einfach nicht, dich dafür selbst zu bestrafen. So etwas passiert einfach.

Ich glaube, Frauen neigen eher dazu, sich ewig über solche Dinge den Kopf zu zerbrechen. Manchmal beneide ich Männer um ihre Mir-doch-egal-Mentalität. Oder sagen wir's mal so: Selbst wenn Männern mal etwas peinlich ist, lassen sie es nicht alle Welt wissen und winseln um Gnade. Was sie ebenfalls nicht tun: Alle ihre Freunde anrufen und bedauern, auf der Welt zu sein. Männer haben nämlich kapiert: In die Defensive zu gehen und sich zu unterwerfen ist ein Zeichen von Schwäche und raubt ihnen jeglichen Respekt und jegliche Würde. Anderen zu erlauben, auf einem herumzutrampeln, nur weil man einen Fehler gemacht hat, ist absolut falsch. Richtig dagegen ist es, seinen Fehler einzugestehen und das geradezurücken, was sich geraderücken lässt. Aber sich selbst zum Opfer zu machen und sämtliche eigene Prinzipien über Bord zu werfen, nur um von allen gemocht zu werden, ist leider armselig. Respekt verdient man sich nicht, indem man sich verbiegt bis zum Gehtnichtmehr. Ich habe inzwischen oft genug die Erfahrung gemacht, dass ich von anderen gerade dann respektiert werde, wenn ich auch bei vermeintlichen Niederlagen zu mir stehe. Das Leben fühlt sich mit dieser Erkenntnis gleich sehr viel leichter an!

AKZEPTIERE DEINE NERVOSITÄT!

Ich kann dir nicht versprechen, dass du in bestimmten Situationen niemals mehr nervös werden wirst. Was ich dir aber versprechen kann, ist, dass es mit Übung und vielen kleinen Tricks immer besser wird. Gerade vor Meetings empfinde ich meine Nervosität sogar als etwas Positives.

Du fragst dich hier vielleicht: Spinnt die jetzt komplett? Nein, inzwischen finde ich, dass man der Nervosität durchaus auch eine positive Seite abgewinnen kann. Sie sorgt dafür, dass ich gut organisiert und top vorbereitet an die Herausforderung herangehe.

Durch das Adrenalin bin ich voll da und hundertprozentig konzentriert. Und das schätzen Geschäftspartner und Kunden übrigens sehr. Denn wer möchte bitte einen Partner, der so gelassen ist, dass er schon mal 15 Minuten zu spät kommt, sich dann in einen Stuhl fallen lässt und danach ohne Konzept und Agenda irgendwelche Sätze aneinanderreiht? So sollte man nicht mit der Zeit anderer Menschen umgehen. Doch ich kenne viele, die wie oben beschrieben in ein Meeting gehen. Das ist nicht beneidenswert, ganz im Gegenteil, denn ein kleiner Schuss Nervosität kann ganz gut für die nötige Ernsthaftigkeit in einer Geschäftsbeziehung sorgen. Das Einzige, was mir wirklich bei Lampenfieber hilft, sind eine gute Vorbereitung und lautes Üben vorm Spiegel. Im Ernst! Wenn es dir schon peinlich ist, zu Hause vor deinem Spiegel zu üben, wie schlimm muss es dann für dich erst sein, dich vor dem Rest der Welt zu präsentieren? Hier heißt es üben. Je öfter man eine solche Situation meistert, desto besser wird es.

Mit der Zeit gewinnt man mehr Selbstvertrauen und lernt, anderen Meinungen keinen zu hohen Stellenwert beizumessen, ohne sich jedes Mal fast ins Hemd zu machen, wenn etwas nicht nach Plan läuft.

Vielleicht wirfst du jetzt ein: »Alles schön und gut, Melina, aber mir ist auf jeden Fall wichtig, was andere denken! Das wird mir nie egal sein!« Es soll dir auch gar nicht egal sein, was andere von dir denken. Du sollst dich nur nicht von der Meinung anderer vollkommen abhängig machen und dadurch auf deine Chancen und Möglichkeiten verzichten – nur aus Angst davor anzuecken. Hier muss ich dir erzählen, was vor einigen Jahren vorgefallen ist. Vielleicht verstehst du dann besser, warum ich mittlerweile mehr Risiken eingehe und die Meinung anderer besser in Relation zu meiner eigenen setzen kann:

Als ich 20 war, starb ein Freund unserer Familie. Er war einfach so von einem Tag auf den anderen weg – an einem schönen Sommertag in unserem Lieblingsbadesee ertrunken. Mit 25 Jahren! Meine Geschwister waren sogar dabei, ich glücklicherweise nicht. Es war schrecklich, wir waren alle wie betäubt und konnten es nicht fassen. Ein solches Erlebnis vergisst man nicht einfach, es gräbt sich tief ins Bewusstsein ein. Und im Idealfall wird einem bewusst: Jeder von uns kann von einer Sekunde auf die andere weg sein. Nur weil wir jung sind, heißt das nicht, dass wir unbesiegbar sind und dass alles so bleibt, wie es jetzt gerade ist. Ich denke, angesichts dieser Tatsache kann man durchaus mal das »Risiko« eingehen, nicht von jedem Menschen, den man so trifft, gemocht zu werden, oder auch mal Fehler zu machen. Wie wir gesehen haben, existieren die meisten Annahmen oder Meinungen ohnehin nur in unserem eigenen Kopf und sind gar nicht auf diejenigen anderer zurückzuführen.

Also – mach was aus der Zeit, die du hast, und denk nicht zu viel darüber nach, was andere von dir denken könnten!

Das SOS-Kit gegen Nervosität und Lampenfieber

Es gibt ein paar kleine Anker, die mich beruhigen, wenn ich vor Gesprächen mit anderen Leuten nervös werde oder mich in einer neuen Situation zurechtfinden muss. Bequeme Kleidung ist hier als Erstes zu nennen. Also: Keine Experimente mit neuer Kleidung! Wenn irgendetwas kneift oder nicht sitzt wie eine zweite Haut, werden alle Herausforderungen noch viel größer, als sie ohnehin schon sind. Außerdem helfen mir bestimmte Gegenstände, die ich immer dabeihabe, mich in einer fremden Umgebung wohler zu fühlen. Eine Zeit lang war mir gar nicht klar, dass ich sogenannte Anker verwende, um mich selbst zu beruhigen, bis mir jemand erklärt hat, dass das eine ganz übliche Methode ist, um sich zu erden.

Zu meinen Ankern, die mir unterwegs immer helfen, zählen:

- Tuch oder Schal: Egal, ob Sommer oder Winter. Er gibt mir Wärme und Geborgenheit – ein Mini-Kokon, in den ich mich einwickeln kann. Abgesehen davon verdeckt er zuverlässig meine hektischen Flecken am Hals.
- Handcreme: Ich erwähnte ja schon, dass ich ein »Nasenmensch« bin. Also habe ich in jeder Handtasche eine Minitube Handcreme mit meinem Lieblingsduft, der mich »high« macht. Ähm, ich meine natürlich, der mich beruhigt.
- Spotify Playlist mit Lieblingsmusik: Macht mich auf der Stelle ruhiger, wenn ich auf dem Weg zu einem »Menschenauflauf« nervös werde. Ich höre bestimmte Tracks oft in Dauerschleife, zum Beispiel »Opening« von Philipp Glass oder das ganze Album »Divenire« von Ludovico Einaudi. Zusammen mit Noise-Cancelling-Kopfhörern bezwinge ich damit sogar noch meine Flugangst.

Hallo Fremder!

» Tee: Wo immer ich die Möglichkeit habe, einen guten Pfefferminz- oder Kamillentee zu bekommen, bevor ich eine große Herausforderung bewältigen muss – her damit! Außerdem ist so ein Kräutertee ein praktischer Handwärmer, denn ich mutiere vor lauter Angst schnell zur Frostbeule.

Bei dir können das völlig andere Gegenstände oder Rituale sein. Überleg dir, was dir in den Momenten der Schüchternheit mehr Sicherheit geben könnte und teste es!

»MACH DAS, WOVOR DU AM MEISTEN ANGST HAST!«

Erfahrungsbericht von Sandra

Als ich am besagten Morgen meinen neuen Job als Storemanager antrat, wusste ich nur, es warten zehn Frauen und ein Mann auf mich. Eine große Truppe, bunt durchgemischt. Das war so weit nichts Neues für mich, und trotzdem hatte ich während der ganzen Anfahrt schwitzende Hände aus Nervosität und einen üblen Magen. Dazu noch heiße, rote Flecken am Hals, die ich immer bekam, wenn mich meine Unsicherheit und meine Zweifel überfielen. Ich trug meine Haare streng aus dem Gesicht (das stärkte mein Selbstvertrauen) und hatte einen Schal dabei, den ich trotz der Wärme brauchte, um meine Flecken zu verdecken. Außerdem dabei – mein Minzöl, an dem ich schnupperte, um einen klaren Kopf zu behalten. Mein Notfallpaket, wie ich es nenne.

Ich hatte einige Wochen Zeit gehabt, mich gut vorzubereiten, was ich auch tat – war auf alle Eventualitäten »vorbereitet«, all das war ja nichts Neues. Hmm, und was war das jetzt? Wo war mein: »Endlich eine Herausforderung, ein Ziel vor Augen ohne Bauchschmerzen!«? Mir war schlecht und ich schwitzte. Meine Unsicherheit hatte mich fest im Griff, und am liebsten hätte ich umgedreht.

Die Blicke meiner neuen Angestellten trafen mich wie Pfeile. Der aufgesetzt freundliche Empfang schnürte mir den Hals zu. ICH war die, die dem schönen Leben des Teams ab heute Schranken vorschieben sollte ... Als ich in die Gesichter sah, zweifelte ich stark daran, dass ich hier eine gute Arbeit würde leisten können. Ich spürte nur Ablehnung! Meine Rolle spielte ich gut, trotz Schal,

Hitze und Flecken inklusive Übelkeit. Aber meine Unsicherheit und meine Selbstzweifel dauerten an.

Woran lag es? Bei mir lag es eindeutig an der Angst vor der Ablehnung und vor dem Versagen, die gewünschte Leistung nicht bringen zu können. Ein zerstörtes Selbstvertrauen ließ mich unsicher und mitunter sogar schüchtern werden. Das sind die Begleiterscheinungen der Angst, abgelehnt zu werden und es nicht gut zu machen!

Bis heute muss ich mich immer wieder bewusst solchen Situationen stellen, denn nur auf diese Weise kann ICH diese Unsicherheit in mir klein halten. Es geht immer nur um das »Beginnen« – danach läuft es und meist auch sehr gut. Für mich gilt: »Mach DAS, wovor DU am meisten Angst hast« ... Das stärkt deine inneren Kräfte und führt zu mehr Sicherheit im Leben.

SCHÜCHTERNE UND DAS INTERNET

Oh, ja, dieses Internet. Manche behaupten, es sei schuld daran, dass wir alle zu Einsiedlern hinter unseren Smartphones werden. Stimmt das? Oder kann das Internet auch schüchternen Personen dabei helfen, ihre Komfortzone zu erweitern? Gerade für unsere Kommunikationsskills, so behauptet man gern, bedeuten Internet und Social Media im Speziellen den schleichenden Tod. Na gut, das Internet gibt es schon eine Weile. Aber die Intensität, mit der wir es mittlerweile täglich nutzen, ist relativ neu. Als ich in der Grundschule im Internet zu surfen anfing, gab es kaum Foren, und Wikipedia glich da eher einem Käse mit vielen Löchern. Ich experimentierte damals mit MS Paint auf Windows 95 auf meinem Computer herum und war immer superaufgeregt, wenn das schöne Einwahlgeräusch des Telekom-Modems zu hören war. Ich habe es geliebt.

Inzwischen nennt man uns die »Generation Beziehungsunfähig«, weil wir mit unserem Smartphone besser umgehen können als mit unseren Gefühlen. Wir kommunizieren über das Internet beinahe mehr als von Angesicht zu Angesicht. Wir wollen Handyverträge mit einem möglichst großen Datenvolumen abschließen, Freiminuten sind uns nichts mehr wert. Warum reden, wenn man auch alles im Telegrammstil per WhatsApp klären kann? Und »Freunde«, das sind die 700 Unbekannten in unserem Facebook-Profil. Social Media beherrscht unser Leben, und wir sind alle zu Selbstdarstellern geworden. Unsere Arbeitgeber sind mittlerweile sogar so ausgeschlafen, dass sie unsere privaten Profile checken, bevor sie uns einstellen. Ich kann meine Mitschüler von damals stalken und gucken, ob sie schon Kinder haben. Und dafür muss ich mir nicht einmal die Blöße geben, jemanden zu fragen. Außer Google natürlich. Und wenn mir jemand so richtig eins reinwürgen will, muss er ja nur ein bisschen in den Untiefen des World Wide Web graben, denn es vergisst niemals. Irgendwas findet man immer. So sieht's aus. Wird das Problem mit der Schüchternheit dadurch also noch verstärkt?

DIE VIRTUELLE WELT ALS SPRUNGBRETT FÜR SCHÜCHTERNE

Aber wie überall gilt auch hier: Die Menge macht das Gift. Ich für meinen Teil habe Internet und Social Media eine ganze Menge zu verdanken. Meinen Mann zum Beispiel. Kein Witz, ich erzähl dir die Story:

Wir kannten uns schon flüchtig über unsere Eltern und wohnten auch nicht weit voneinander entfernt. Trotzdem hätten wir uns

niemals füreinander interessiert, denn: Uns trennen 7,5 Jahre Altersunterschied und der Umstand, dass ich damals 17 und emotional komplett im Eimer war. Außerdem traf auf uns beide das gängige Vorurteil zu, immer etwas hochnäsig und abweisend zu wirken. Eine Freundin von mir (ja, eine hatte ich!) lernte ihn kennen und verstand sich gut mit ihm. So kam es, dass sie mich gelegentlich mitschleppte, aber das reichte trotzdem nicht für mehr als Nichtbeachtung bis hin zur Antipathie. Eines Tages schrieb er mich bei ICQ an – heute würde man iMessage oder

WhatsApp nehmen – weil meine Oma gestorben war und er sich nach mir erkundigen wollte. Und – Achtung, jetzt kommt's – weil ich schriftlich absolut gar nicht schüchtern und auf den Mund gefallen bin, entwickelte sich ein spannendes Gespräch, und wir haben uns richtig gut verstanden – bis heute!

Ich kann dir also sagen: Dieses Internet kann hilfreich sein, indem es dir die nötige Sicherheit gibt, einen ersten Schritt auf andere zuzugehen. Für mich ist das Internet eine geniale Erweiterung meiner eigenen Komfortzone. Hier habe ich angefangen, mich zu öffnen und meine Gefühle per Eingabemaske und Mausklick zu übermitteln. Mein Gegenüber konnte mich nicht sehen und ich ihn nicht. Und genau das war der perfekte Workaround für den Anfang. Keine Schamesröte, kein Herzrasen. Nur meine echten, ungefilterten Gedanken und die Möglichkeit, jederzeit ein Gespräch zu beenden.

Doch eine dauerhafte Lösung oder ein Ausweg ist das Internet keinesfalls. Ich empfehle dir nicht, dich für immer in deine Online-Welt zu verkriechen, wenn es dir »da draußen« zu schwierig wird. Keiner kann uns die Verantwortung abnehmen, unser Leben auf die Reihe zu bekommen und uns »dem echten Leben« zu stellen. Dennoch bleibt festzuhalten: Um sich überhaupt erst einmal mitzuteilen, kann das Internet durchaus zum ersten Schritt verhelfen.

LEUTE ANQUATSCHEN FÜR ANGSTHASEN – MEIN GUIDE

Die Möglichkeit, meine Gedanken schriftlich darzulegen und den ersten Kontakt mit jemandem aufzunehmen, habe ich, seitdem ich meinen Mann kennenlernte, immer mehr kultiviert. Eine meiner »Anfänger«-Übungen war zum Beispiel: Auf einem Blog einen Kommentar zu hinterlassen. Klingt das für dich nach Pipifax? War es für mich früher aber gar nicht. Ich las meine Lieblingsblogs immer still mit und traute mich nicht, etwas zu sagen. Ich beteiligte mich nie an Diskussionen, obwohl ich wirklich immer eine Meinung zu den jeweiligen Themen hatte.

LEVEL 1:
IM INTERNET EINFACH MAL FARBE BEKENNEN

Zum Beispiel durch einen Kommentar in einem Forum oder einem Blog. Wenn ich mich schon in der Anonymität des Internets nicht traue, meine Meinung zu sagen, wo denn bitte dann?! Anfangs habe ich auch gern unter einem Pseudonym kommentiert. Irgendwie graute mir davor, dass irgendwelche Bekannten mich über meinen Kommentar identifizieren könnten. Oder dass sie sehen würden, wo ich mich im Netz so »herumtreibe«. Aber wen soll es bitte jucken, was ich unter Fashion Blog XY oder YouTube Kanal Z poste? Mal abgesehen davon, dass ja Nachname, Handynummer, Geburtsdatum und Sozialversicherungsnummer von mir nicht daneben stehen.

Was schreibt man denn da am besten? Ein »Danke für diesen gut recherchierten Artikel und liebe Grüße« reicht da schon vollkommen aus. Für mich naheliegend, da ich viele Blogs las und noch lese. Warum nicht einfach mal Danke sagen für einen Artikel, in den der Autor viel Mühe und Zeit gesteckt hat? Statt direkt auf dem Blog zu kommentieren, schrieb ich auch manchmal eine E-Mail, in der ich mitteilte, wie sehr mir ein bestimmter Artikel im Alltag weitergeholfen hat oder was mir an einem bestimmten Blog gut gefällt. Weil ich lange über das nachdenken konnte, was ich sagen wollte, fiel es mir relativ leicht, auf diese Weise meine Meinung auszudrücken.

Falls du keine Blogs lesen magst, dann schreib zum Beispiel an die Redaktion deines Lieblingsmagazins oder gib einem Label, bei dem du schon lange Kundin bist, ein paar freundliche Worte mit. Feedback wird überaus geschätzt. Alle, wirklich alle, die ich bis heute angeschrieben habe, freuen sich riesig über mein Feedback. Eine Handvoll Worte können anderen den ganzen Tag verschönern. Seit ich selbst blogge, kann ich nur bestätigen: Es tut unheimlich gut, von anderen zu hören, auf welche Weise meine Artikel sie berühren. Ein Blogger bloggt ja nicht für sich selbst, dazu könnte man ja schließlich zum guten alten Tagebuch greifen. Ein Blogger sucht die Verbindung zu anderen. Blogs leben von den Gesprächen in den Kommentaren und dem Feedback der Leserinnen und Leser. Du schlägst mit dieser Übung also gleich zwei Fliegen mit einer Klappe: Du machst einen Menschen total happy, und gleichzeitig erweiterst du deine Komfortzone.

LEVEL 2: WILDFREMDE MENSCHEN KONTAKTIEREN

Als ich meinen Job kündigte und entschied, mit meinem Mann zusammenzuarbeiten, war klar: Jetzt braucht es schwerere Geschütze. Ich muss Leute kennenlernen, um mich auszutauschen und im Idealfall für meine Leistung zu begeistern. Die meisten Menschen würden für so etwas auf Konferenzen gehen und ihre Visitenkarten austeilen. Ich natürlich nicht. Also ja, ich ging ebenfalls auf Konferenzen. Aber nur, um zuzuhören. Meine Methode besteht darin, hinterher die Speaker auf Xing und LinkedIn anzuschreiben, und diese Methode halte ich sogar für die bessere! Wer kann sich schon an die vielen Gesichter erinnern, die er auf einer Messe gesehen hat? Aber sich hinterher online zu vernetzen ist ziemlich clever, denn dort hat man einfach mehr Ruhe für Austausch. »Hallo Herr Soundso, mir hat Ihr Vortrag auf der CeBIT sehr gefallen. Besonders Ihre Argumentation zu Thema XY war sehr überzeugend. Ich würde mich freuen, mich mit Ihnen zu vernetzen.« Danach sollte man nochmals nachhaken oder bei Interesse mal einen Telefontermin vereinbaren, um sich weiter kennenzulernen. Mit einer Kontaktbestätigung allein ist ja wenig erreicht und die Konferenz war einfach ein guter Aufhänger, um eine gemeinsame Gesprächsgrundlage zu haben. Siehst du, so einfach kann es sein, als schüchterne Person fremde Menschen kennenzulernen. Ein Hoch auf das Internet!

LEVEL 3:
DAS PERSÖNLICHE GESPRÄCH SUCHEN

Auf Level 3 heißt es, ganz in echt ein Gespräch zu beginnen und sich zum Beispiel nach einem Vortrag sofort beim Redner persönlich zu bedanken. Aber auch in diesem Fall solltest du möglichst hinterher den Kontakt durch eine E-Mail oder Kontaktanfrage verfestigen. Also gleiche Methode, nur andere Reihenfolge.

Mein Blog Vanilla Mind gehört auch zu den Beispielen, wie man mithilfe des Internets seine Ängste ablegen kann: Ende 2014 startete ich mit nur einem Artikel. Ich wollte mich mit selbstständigen Frauen aus dem ganzen deutschen Raum vernetzen und mehr darüber wissen, wie sie im Alltag mit ihren Ängsten und Sorgen zurechtkommen. Und ich wollte (mit-)teilen, was ich alles gelernt habe – über meine eigenen Gefühle, aber auch über meine Erlebnisse im Job und meine Tricks, die mich motiviert und produktiv machen. Dass ich mich getraut habe, meine eigenen Gefühle für alle sichtbar ins Internet zu stellen, wurde mit viel aufmunterndem Feedback vonseiten meiner Leserinnen belohnt. Der Schritt war nicht einfach, denn – siehe oben – das Internet vergisst nichts und kann mitunter auch sehr verletzend daherkommen. Dass ich dieses Buch schreiben darf, verdanke ich letztendlich auch dem Internet, denn dort hat mich meine Lektorin aufgegabelt. Nutz alle deine Chancen! Ich finde es richtig und wichtig, sich in kleinen Schritten vorwärtszuhangeln. Ich habe bis vor einiger Zeit noch fast ausschließlich über E-Mails kommuniziert, weil ich vorm Telefonieren viel zu viel Schiss hatte. Ich konnte meine Gedanken schriftlich einfach besser formulieren und hatte auf diese Weise weniger Angst vor meinem unbekannten Gesprächspartner. Mittlerweile habe ich mir angewöhnt, eher den Hörer in die Hand zu nehmen, Skype-Konferenzen zu machen oder Voice-Nachrichten zu versenden. Es treten weniger Missverständnisse auf, und es kommt einfach mehr Nähe zustande, wenn man einen »echten« Menschen hört und sieht. So ein bisschen selbst pushen musst du dich einfach immer, wenn du dich weiterentwickeln willst.

> »WER IMMER NUR DAS MACHT,
> WAS ER SCHON KANN, BLEIBT IMMER DAS,
> WAS ER SCHON IST.«
>
> Henry Ford

Dieser Weg ist gut für den Anfang, aber es ist wichtig, immer neugierig zu bleiben und immer mehr auszuprobieren.

4. Kapitel

DIE RICHTIGE UNTERSTÜTZUNG FÜR **DEIN NEUES MINDSET**

Mich selbst ernst zu nehmen und an meiner inneren Einstellung zu arbeiten – dies zu lernen, war unumgänglich für mich. Heute fühle ich mich wesentlich wohler in meiner eigenen Haut, da ich meinen eigenen Wert und meine Stärken jetzt viel besser kenne. Dies hat wesentlich dazu beigetragen, dass ich mich in einer Gruppe Menschen nicht mehr reflexhaft verstecken oder unsichtbar machen will. Unter vielen Menschen zu sein, das werde ich dennoch nie als meine natürliche Lebensumgebung empfinden können. Aber ich kann beeinflussen, wie ich mit dieser Herausforderung umgehe und wie ich mich dabei fühlen möchte. Neben dem Mindset-Wechsel, also dem Wechsel hin zu mehr Selbstakzeptanz gibt es aber auch noch einen zweiten Teil, der zur Lösung unserer Gleichung gehört. Die Selbstreflexion und das Sich-bewusst-Machen der eigenen Gefühle, wie ich sie in den vorherigen Kapiteln besprochen habe, sind allein leider nicht stark genug – sie sollten daher zusätzlich durch äußere Bedingungen unterstützt werden. Das ist der Schlüssel, um angesteuerte Ziele wirklich erreichen zu können.

Mit dem »Mindset« gibst du den Kurs vor, die Anpassung der äußeren Bedingungen kann dann als Treibstoffbooster wirken, der dich abheben lässt! Zu diesen Boostern gehören beispielsweise: Bewegung, ausgewogene Ernährung, das Umfeld oder auch das Entwickeln von Morgenritualen, die stark machen. Vielleicht hörst du jetzt manches davon nicht zum ersten Mal, aber das ist in Ordnung, denn bei vielen psychischen Problemen wird immer wieder auch die Kombination aus Sport und guten Gewohnheiten als Lösungsmöglichkeit angeführt. Niemand kommt mit einer Anti-Schüchternheits-Spritze für dich um die Ecke, nein – ein bisschen etwas musst du schon selbst tun. Ich habe alles Mögliche ausprobiert und kann dir nach jahrelangem Experimentieren nun sagen, was funktioniert. Freu dich also auf die nächsten Kapitel, denn sie sind voll von kleinen Boostern und Tipps, die dich mutiger und widerstandsfähiger machen werden!

DER MENSCH – EIN GEWOHNHEITSTIER

In den vergangenen Jahren habe ich eine ganze Menge Bücher und Artikel zum Thema Gewohnheiten gelesen. Mittlerweile ist dieses Thema fast zu meinem Steckenpferd geworden, und ich erkläre dir auch, warum: Es gibt keinen besseren Weg, an seinem Verhalten etwas zu ändern, als durch das Erlernen neuer Gewohnheiten. Gewohnheiten können DER Hebel sein, um uns darauf einzustimmen, etwas ganz Großes, das wir uns vorgenommen haben, zu erreichen!
Meinst du, du könntest deine Schüchternheit dauerhaft überwinden, wenn du dich dazu zwingst, etwas zu tun, was dir richtig schwerfällt, wie zum Beispiel alle paar Monate mal ins eiskalte Wasser zu springen? Nö. Es ist jedes Mal einfach nur ein brutales Erlebnis, das rein gar nichts ändert! Außer vielleicht, dass du dir schwörst: »Nie wieder!« Deswegen lässt du es irgendwann ganz sein. Und das kann dir keiner übelnehmen. Ich weiß, wie frustrierend es ist, immer wieder den nett gemeinten Rat von anderen zu hören: »Du musst dich einfach bloß zusammenreißen, dann wird das schon…« Hin und wieder machst du das auch, aber der Preis dafür sind nicht selten schlaflose Nächte und sämtliche Symptome, die dir zum Stichwort Panik einfallen. Das muss nicht sein!
Wenn du dir aber kleine, nützliche Gewohnheiten zulegst, die dir dabei helfen, eine bessere Selbstwahrnehmung zu entwickeln und dich positiv auf den Tag einzustimmen – dann fällt es dir auch leichter, in schüchternen Momenten deine Ängste zu beherrschen. Das kann Sport sein oder ein bestimmtes Morgenritual wie Atemübungen, Gymnastik oder Stretching, eine

entspannende Tasse Tee und vieles mehr. Die meisten Menschen unterschätzen die Macht solcher kleinen Gewohnheiten massiv! Auch ich begann das erst zu verstehen, als ich den Unterschied in meinem Denken selbst wahrnahm.

ALLES NUR EINE FRAGE DER DISZIPLIN?

Nehmen wir einfach mal den Sport als Beispiel. Während meiner Arbeit als Verlagsangestellte fiel es mir unendlich schwer, Bewegung in meinen Alltag zu integrieren. Doch du ahnst vermutlich nicht, wie wichtig körperliche Fitness in deinem Kampf gegen die Schüchternheit ist. Ich werde diesem Thema später noch ein komplettes Kapitel widmen, weil es mir neues Selbstvertrauen gegeben hat. Nachdem ich den Entschluss gefasst hatte, mehr Sport zu machen, lief zunächst alles wie geschmiert. Ich sagte mir nach den ersten drei erfolgreichen Trainingseinheiten: »Hey komm, diesmal wird alles anders, diesmal ziehst du es durch!« Und dann? Dann kam der große Einbruch. Irgendwie schob sich immer der Alltag dazwischen, ich fing an, Ausreden zu finden, und ich hatte keine Lust mehr. Schon einige Wochen später war alles wieder beim Alten, und die tollen Pläne waren komplett vergessen. Danach fühlte ich mich noch viel frustrierter und deprimierter als jemals zuvor. »Warum können andere das, und ich schaffe es nicht? Ich werde das nie hinbekommen!«
Derartige Phasen habe ich ein paar Mal durchlaufen, bevor es mir gelang, Bewegung zu meiner täglichen Routine zu machen. Immer hatte ich tolle Ideen und spontane Eingebungen, aber die waren nach wenigen Wochen meist wieder vergessen. Ich wage mal zu behaupten, dass dir dieses Problem auch nicht ganz unbekannt sein wird. Es lässt sich auf fast alles anwenden: »Ich möchte abnehmen.« Oder: »Ich möchte weniger Süßigkeiten essen.« Warum fällt es denn so schwer?

Dröhnt da vielleicht auch eine Stimme in deinem Kopf, vielleicht sogar die deiner Eltern? »Kind, du brauchst einfach nur mehr Disziplin!« Das zu denken liegt nur zu nahe. Doch so ist es nicht: Nur mithilfe geballter Willenskraft oder Disziplin den Fortschritt zu erzwingen, führt auf lange Sicht nicht zum Erfolg. Das habe ich schon viel zu oft erlebt. Wir können unsere Ergebnisse nicht von unserer aktuell vorhandenen Willenskraft abhängig machen. Und nun sage ich dir, wird's noch schlimmer: Willenskraft steht in direktem Zusammenhang mit unserem Blutzuckerspiegel[14]. Ist dieser im Keller, kann man kaum klar denken und trifft schlechte Entscheidungen. Was das heißt, weißt du genau, wenn du in letzter Zeit mal hungrig einkaufen warst. Na, wie oft bist du am Süßwarenregal vorbeigelaufen? Und wie viel Schokolade hast du am Ende mitgenommen, ohne es zu wollen? Dein Gehirn braucht einfach eine gewisse Menge an Glukose, um ordentlich zu funktionieren und dir deine Selbstkontrolle zu erhalten. Damit ist aber nicht gemeint, dass du Zuckerzeug en masse futtern sollst, sondern du solltest dich möglichst ausgeglichen ernähren, um deinen Blutzuckerspiegel stabil zu halten. Dein Körper muss sonst sehr viel Insulin ausschütten, ein Hormon, das deinen Blutzuckerspiegel wieder auf ein Normalmaß bringen und dem Zuckerhoch entgegenwirken muss. Und was dann oftmals passiert, kennst du ebenfalls nur zu gut: Dein Blutzuckerspiegel sinkt, und plötzlich bekommst du eine fiese Heißhungerattacke. Heißhunger und Willenskraft? Passen nicht zusammen! No way! Ich würde in so einem schwachen Moment alles essen, was mir vor die Füße fällt, und vor allem hätte ich null Energie und Durchsetzungskraft. Also: Willenskraft kann, wie du siehst, mitunter eine zickige Diva sein, die kommt und geht, wann sie Lust hat, und manchmal sucht man sie auch so vergeblich wie ein Einhorn. Ratsam ist es daher, sich ein System zuzulegen, das uns zu unserem Ziel führt, egal, ob wir gerade den Willen dafür aufbringen oder nicht.

Auch ein Spitzensportler hat ab und zu keine Lust, das ist normal. Aber kannst du dir vorstellen, dass er sich einfach sagt: »Ach nee, heute bleib ich mal liegen.« Nein! Warum macht er es trotzdem? Weil seine Übungen zu seiner Routine gehören. Genauso wie Zähne putzen oder Mittag essen.

Über Routinehandlungen muss man nicht groß nachdenken, man macht sie einfach. Denn für das, was man aus Gewohnheit tut, braucht man keine oder nur sehr wenig Willenskraft. Das Gehirn denkt irgendwann nicht mehr über den Ablauf nach. Und anstatt sich zu fragen, was will ich eigentlich und wie stelle ich es an, wird einfach automatisch gehandelt. Dieser Automatismus ist der Schlüssel, um schließlich neue Türen zu öffnen. Dabei geht es hier nicht um eine Frage der Leistung, sondern einfach darum, Tag für Tag eine gewisse Routine aufrechtzuerhalten. Du wirst dich von ganz allein darin steigern. Man muss sich von dem Gedanken verabschieden, etwas reißen zu wollen und möglichst »effektiv« zu sein. Warum setze ich das Wort effektiv in Anführungszeichen? Weil diese angestrebte Effektivität der Tod aller guten Vorsätze ist. In dem Übermut, möglichst viel leisten zu wollen, schaffst du am Ende gar nichts mehr, weil deine Willenskraft nach wenigen Wochen versiegt ist.

MOTIVATION IST FLÜCHTIG – ROUTINE NICHT

Wer die Messlatte zu hoch legt, scheitert schon, bevor er angefangen hat. Und zwar grandios. Diesen Fehler habe ich mehr als einmal gemacht, glaub mir. Als ich das erste Mal laufen ging, nahm ich mir fest vor: »Melina, das war klasse. Das machst du jetzt mindestens fünfmal pro Woche und an den Wochenenden erholst du dich!« Ehm, nein. Ich bekam durch das zu intensive Training – ich war schließlich blutige Anfängerin – Probleme mit

meinen Schienbeinen und außerdem verlor ich schnell die Lust. Das Pensum war für den Anfang zu groß, und dadurch wurde das Laufen mehr zu einer Tortur als zu einer willkommenen Möglichkeit, Stress abzubauen. Es sorgte bei mir dann dafür, dass ich schon bei dem Gedanken ans Laufen in Stress geriet.
Also mach es anders und beginne mit winzig kleinen Schritten. B.J. Fogg, der an der Stanford University zu diesem Thema lehrt, nennt dieses Modell »Tiny Habits«[15]. Der Vorteil daran ist: Dieser Prozess ist ein verlässlicher Weg, auf lange Sicht eine Änderung in seinem eigenen Verhalten zu erreichen. Es geht darum, sich überhaupt erst einmal eine neue Gewohnheit aufzubauen. In kleinen Schritten zu denken, gibt Sicherheit und die nötige Motivation, überhaupt weiterzumachen. Wenn man das erst geschafft hat, kann man sich auch größere Veränderungen und Gewohnheiten vornehmen. Und sollte man dann doch einmal zurückfallen, hat man immer noch die kleineren Erfolge, die einem vor Augen führen, dass man bereits etwas erreicht hat.
Es ist gilt auch hier die Devise: Je mehr man übt, desto besser wird man, und desto weniger Kraft kostet die neue Gewohnheit. Und wenn ich sage »mehr«, dann meine ich nicht, so intensiv wie nur möglich zu üben, sondern einfach nur: jeden Tag, gleicher Zeitpunkt, gleicher Ablauf. Je simpler der Ablauf, desto schneller wandert die Routine in dein Unterbewusstsein. Wenn ich zum Beispiel mit mir selbst vereinbart habe, dass auch ein Liegestütz an schlechten Tagen als »Übung absolviert« gilt, dann sorge ich dafür, dass mein Gehirn diese Gewohnheit aufrechterhält. Bestens!
Langanhaltende, tiefgreifende Veränderungen erzielt man nur auf diese Weise. Wir müssen unser Gehirn quasi »umprogrammieren« und das geht nur, wenn man seine Entscheidungen von dem Faktor Willenskraft entkoppelt. An der University of London sind sich die Experten übrigens einig, dass wir im Durchschnitt um die 66 Tage[16] benötigen, um festgefahrene Ge-

wohnheiten durch neue zu ersetzen. Manche behaupten, der Wendepunkt käme schon nach 21 Tagen, aber ich bezweifle stark, dass sich diese allgemeine These auf schwierige Verhaltensänderungen anwenden lässt. Unser Gehirn braucht einfach eine gewisse Zeitspanne, in der es neue Verbindungen in unseren Synapsen knüpfen kann. Also durchhalten! Danach wird's leichter.

DIE BEOBACHTUNG DER EIGENEN FORTSCHRITTE

Natürlich stellt sich die Frage, wie sich Routinen am leichtesten festsetzen und Fortschritte sich automatisieren lassen. Mir hat unter anderem die Smartphone App »Coach.me« dabei geholfen, meine Fortschritte zu verfolgen. Sie baut auf dem »Mini-Gewohnheiten«-Konzept von B. J. Fogg auf und erinnert mich jeden Tag an meine Ziele, egal, wo ich mich gerade befinde. Wichtig ist, dass man den eigenen Fortschritt sehen kann, damit man motiviert bleibt. Du solltest immer im Blick haben, an wie vielen Tagen du dein Ziel bereits erreicht hast. Das macht dich weniger abhängig von deiner aktuellen Stimmung und der gefühlten Wahrnehmung, ob du gerade Erfolg hast oder nicht.
Wie machtvoll solche Apps tatsächlich sind, dich in deinen Zielen zu unterstützen, habe ich erst neulich wieder gemerkt. In der »Coach.me«-App erzählte eine Frau aus der Community, dass sie dank der App seit mehr als 500 Tagen trocken ist und keinen Alkohol mehr angerührt hat. Das hat mich wirklich berührt, denn solch große Probleme fordern wirklich sehr viel von einem Menschen ab!
Für die Papierliebhaber unter uns besteht auch die Möglichkeit, sich einen hübschen Organizer oder Planer zu besorgen und

dort den Fortschritt einzutragen. Sehr beliebte Methoden, um täglich seine Ziele im Blick zu haben und den Fortschritt zu messen, sind unter anderem: das Bullet Journal (diverse deutsche Anleitungen findest du im Internet) oder Jahreskalender mit Lifecoaching-Teil. Entscheidend für deinen Erfolg ist nicht, welche Methode du für dich persönlich nutzt, sondern nur, dass du deine Ziele schriftlich festhältst und sie misst. Ich habe sogar schon einmal einen Vertrag mit mir selbst geschlossen und ihn vor den Augen meines Mannes unterzeichnet. Und ich habe auch von einem ganz schrägen Fall gehört, bei dem der Typ sich als Vertragsstrafe überlegt hat, an welche Organisation er 100 US-Dollar spenden will, wenn er sein Ziel nicht erreicht. Wenn gar nichts klappen will – dann versuch's mal mit dieser unkonventionellen Maßnahme.

Mit den oben genannten Möglichkeiten habe ich lauter kleine Erfolge erzielt. Zum Beispiel trinke ich mittlerweile 2 bis 2,5 Liter Wasser jeden Tag und bin dadurch wacher, fitter und konzentrierter. Ich lasse mich sogar täglich daran erinnern, etwas nur für mich selbst zu tun, auch wenn es manchmal nur wenige Minuten sind. Ein paar nützliche Gewohnheiten, die man sich eintragen könnte, um seine Komfortzone öfter zu verlassen, sind zum Beispiel die folgenden Gewohnheiten:

» Nachbarn auf dem Weg zur Arbeit grüßen (und zwar nicht erst, wenn sie »Hallo« sagen, sondern auf deine eigene Initiative hin)
» Jemanden freundlich anlächeln
» Ein ehrliches Kompliment machen
» Das Telefon verwenden statt WhatsApp oder E-Mails
» Jemandem helfen oder sich nach seinem Wohlergehen erkundigen
» Atemübungen machen

DIE RICHTIGE UNTERSTÜTZUNG FÜR DEIN NEUES MINDSET

GESTÄRKT DURCH DIE MORGENROUTINE IN DEN TAG STARTEN

Zu den guten Alltagsgewohnheiten zählt auf alle Fälle eine Morgenroutine, die den Tag erfolgreich beginnen lässt! Jeder Schüchterne sollte sich eine solche Routine zulegen! Sie gibt dir Ruhe und Frieden und hilft dabei, ohne Angst in den Tag zu starten. Ich hielt manche Empfehlungen früher entweder für irrelevant (»also komm, welchen Unterschied macht es, ob ich fünf Minuten tief durchgeatmet habe?!«) oder für Pseudowissenschaft. Die Wahrheit aber ist: Rituale beeinflussen dein Denken, in die eine oder die andere Richtung. Das bedeutet einerseits, dass negative Gewohnheiten deine negative Stimmung befeuern können. Wie das? Ganz einfach: Wenn du dir z. B. jeden Morgen schon kurz nach dem Aufstehen sagst »hoffentlich passiert heute nichts« oder »es kann ja nur schiefgehen«, dann stellt sich dein ganzes Denken schon auf Misserfolg ein. Und – oh Wunder – so verläuft der Tag dann auch meistens. Woran liegt das? Du hast nichts als Morgenritual geplant – und dann läuft dein Tag nach dem Zufallsprinzip ab. Du machst dir ja gar nicht bewusst, was du von dem Tag überhaupt erwartest. Erst durch feste Rituale rückt der Tagesablauf und – ganz wichtig – dein innerer Zustand in den Fokus. Erst wenn du deine Aufmerksamkeit auf deinen Gefühlszustand und auf deine Vorsätze für den Tag richtest, besteht auch die Möglichkeit, bewusst darauf Einfluss zu nehmen. Manchmal allein schon dadurch, dass du ganz bewusst »Nein« sagst, wenn du merkst, dass Einflüsse von außen deinen geplanten Tagesablauf durchkreuzen wollen.

Morgenrituale können dafür sorgen, dass du dein Denken dauerhaft in eine positive Richtung lenkst. Sie können dich stärken und motivieren, sodass du mit einem ganz anderen Mindset an den Tag herangehst. Rituale geben dir Sicherheit und graben sich so tief in dein Denken ein, dass sie damit sogar den Rah-

men für dein tägliches Handeln festlegen. Soll heißen, wenn du dir morgens schon etwas Gutes tust und deinen Kopf mit motivierenden Gedanken füllst, dann ist es sicher, dass du in diesem Modus deinen Tag ganz anders erlebst.
Warum bin ich mir da so sicher? Einige Minuten der Achtsamkeit zu Beginn des Tages sorgen für eine bewusstere Wahrnehmung deiner eigenen Umstände und Gefühle. Auch wenn ein Tag mal schlecht läuft – man bemerkt es wesentlich schneller. Das wiederum gibt dir sogar die Möglichkeit, rechtzeitig gegenzusteuern. Oder du merkst, dass du dir zusätzliche Freiräume schaffen musst, um solche negativen Tagessituationen zu kompensieren. Das ist doch viel besser, als sich den ganzen Tag nur wie ein gehetztes Reh zu fühlen, oder?

DIE *HEALTHY HABITS* DER REICHEN UND BERÜHMTEN

Ich war erstaunt, als ich herausfand, wie viele sehr erfolgreiche Leute feste Morgenroutinen haben. Interessanterweise geben sogar viele von ihnen in Interviews an, diese Rituale seien für ihren Erfolg und ihre Durchsetzungskraft sogar verantwortlich.

Anna Wintour, Chefredakteurin der »US-Vogue« und mächtigste Frau der Modeszene, spielt jeden Morgen ab 5:45 Uhr eine Stunde lang Tennis. Es ist ihre Art, ihre physische und vor allem mentale Fitness sicherzustellen und sie auf den Tag vorzubereiten. Ich bin mir sicher, dass es in ihrem Job eine Unmenge an Hektik und Chaos gibt – Dinge, die einfach im letzten Moment wieder umgestoßen werden oder nicht funktionieren. Das Leben um einen herum arbeitet nicht für einen. Nur wer selbst Beständigkeit in sich trägt, kann diese auch um sich herum erzeugen. In diesem Fall zum Beispiel mit einer Tennis-Morgenroutine.

Die Designerin **Lauren Conrad** hat ebenfalls eine gut abgestimmte Morgenroutine. Auf ihrem Blog schreibt sie, dass sie immer zuerst ihren geliebten Kaffee brühen geht und dieses Ritual richtig genießt. Kein schnelles Runterkippen im Stehen. Interessant ist auch, dass sie extra erwähnt, dass sie sofort ihr Bett macht. Diese Gewohnheit sendet ihrem Gehirn das Signal »Ich bin startklar«. Weiter bemerkenswert finde ich, dass sie während der Zubereitung des Frühstücks gern Musik mit einem schnellen Rhythmus hört. Dieses Ritual hebt die Stimmung garantiert.

Victoria Beckham nimmt sich jeden Morgen 30 Minuten »Me-Time«, bevor ihre Kinder aufwachen. Das heißt, sie hat für sich selbst genau geprüft, wann der Zeitpunkt ist, ihre eigenen Bedürfnisse zu stillen. Die Kinder kommen, sobald sie wach sind, immer an erster Stelle und das ist normal. Aber es ist wichtig sicherzustellen, dass man nicht immer Abstriche macht, bis man mit den Nerven völlig am Ende ist.

Die legendäre Unternehmerin **Arianna Huffington** startet bewusst ohne Smartphone in den Tag, sondern beginnt ihn mit einer kurzen Meditation, in der sie durchatmet und festlegt, was sie am Tag erreichen möchte. Warum ist es so wichtig, den Tag möglichst ohne das Smartphone zu starten? Sich gleich in Mails zu stürzen, ist ein absoluter »Brainkiller« und verhindert zielsicher schon am Morgen, dass du produktiv und motiviert bist.

Zahlreiche Möglichkeiten sind also vorhanden, du musst dir nur noch selbst deine auswählen. Die richtige Morgenroutine kann dir eine riesige Hilfe sein, dein Bewusstsein auf den neuen Tag einzustimmen und ihn mit Freude statt Frust anzugehen. Wenn du noch keine hast – Zähneputzen und Duschen zählt nicht – leg dir schleunigst eine zu und beobachte den Unterschied!

Die Beobachtung der eigenen Fortschritte

TAUSEND MÖGLICHKEITEN UND DER FAKTOR ZEIT

Weil ich von zu Hause aus arbeite, muss ich mir meinen Zeitplan selbst einteilen. Wenn ich es nicht tue, dann geht mir nicht nur meine Zeit verloren, sondern auch meine Lebensgrundlage. Umso wichtiger, seine wertvolle Zeit richtig zu nutzen und gut in den Tag zu starten! Ich verstehe natürlich, dass es in den meisten Jobs schwer ist, das alles morgens noch unterzubringen, wenn man nicht gerade ein extremer Frühaufsteher ist. Aber eine Morgenroutine muss gar nicht lang dauern, um effektiv zu sein, wie du feststellen wirst!
Weißt du, wie viel Zeit du morgens für was brauchst? Stehst du vielleicht länger unter der Dusche, als du meinst? Oder gibt es Dinge, die du bereits abends vorbereiten kannst, damit der Start in den Tag leichter fällt? Ich habe mir früher zum Beispiel oft die Kleidung für den nächsten Tag schon am Abend vorher zurechtgelegt. Vielleicht verbrätst du aber auch eine Menge Zeit damit, deine E-Mails zu checken und fühlst dich gestresst, weil dadurch gleich am Morgen schon viele neue Gedanken auf dich einprasseln?
Was zuerst wie ein effizientes Ausnutzen deiner Zeit aussieht, ist in Wahrheit oft ein zusätzlicher Stressfaktor, der für Gedankenchaos sorgt. Die Smartphone-Falle kenne ich selbst nur zu gut! Zeit für eine mentale Vorbereitung auf den Tag findest du meiner Erfahrung nach trotzdem immer: Meine gesamte Morgenroutine kostet mich gerade mal 15 bis 20 Minuten, wenn ich das Training nicht mit einberechne. Und von diesen 15 bis 20 Minuten entfallen allein schon zehn auf ein ausgedehntes Teeritual. Also wenn das mal nicht ein schöner Morgen ist! Eine Morgenroutine muss auch nicht aus 20 verschiedenen Elementen bestehen, sie soll ja keine Choreografie darstellen. Ein paar Minuten tief durchatmen kann schon Wunder wirken. Mach das lieber nur für wenige Minuten, bevor du gar nichts

tust. Du bist frei, dir alles so zusammenzustellen, dass es gut in deinen Alltag integrierbar ist.

Toll funktionieren auch Audio-Meditationen, die man sich einfach per App aufs Smartphone lädt und immer dabeihat, wie zum Beispiel Headspace. Headspace bezeichnet sich selbst als »Fitnessstudio fürs Gehirn« und ist eine von vielen Möglichkeiten, sich eine Routine für mehr Achtsamkeit zu verschaffen. Das Wort Meditation bedeutet eigentlich nur »Betrachtung« oder »Einkehr« und hat mit Esoterik nicht zwingend etwas zu tun. Achtsamkeitsübungen und Meditation verlangsamen den Atem und sorgen nachweislich für Stressabbau. Neurowissenschaftler haben schon vor Jahren herausgefunden, dass unser Gehirn direkt auf solche Übungen reagiert. Die Psychologen Vladimir Bostanov und Philipp Keune bemerken laut der Fachzeitschrift »Psychiatry Research«[23], dass sich die elektrische Aktivität der Hirnzellen dadurch verändert. Teilnehmer ihrer Studie wurden vor und nach einem achtwöchigen Achtsamkeitskurs untersucht mit dem Ergebnis, dass ihr Gehirn nach dem Kurs deutlich stärker auf die akustischen Reize der Meditation reagierte. Das heißt, die Teilnehmer hatten während des Kurses gelernt, sich nicht mehr so stark von ihrem Gedankenkarussell zum Grübeln hinreißen zu lassen. Sie bemerkten zunächst, wie viele Gedankenfetzen in ihrem Kopf herumschwirrten. Doch nach einer Weile beruhigte sich das Gehirn, und ihre Gedanken wurden ruhiger und fokussierter.

Halten wir also fest: Gute Gewohnheiten können andere Menschen aus uns machen. Ein guter Start in den Tag aufgrund von Morgenritualen hat mir geholfen, meine Ängste besser in den Griff zu bekommen und sogar den Mut zu finden, mehr auf andere Menschen zuzugehen. Vielleicht musst du am Anfang etwas herumprobieren, aber mit der Zeit findest du heraus, was sich am besten in deinen Rhythmus integrieren lässt und dir guttut. Wenn du gar nicht weißt, wo du anfangen sollst, dann würde ich dir ein paar Minuten tiefes Durchatmen mit geschlossenen Augen empfehlen, das hat zumindest bei mir die schnellste Wirkung entfaltet und kostet wirklich nicht mehr als drei Minuten Zeit.

DIE RICHTIGE UNTERSTÜTZUNG FÜR DEIN NEUES MINDSET

Fünf motivierende Morgenrituale

Hin und wieder probiere ich neue Elemente in meiner Morgenroutine aus. Meistens nachdem ich gelesen habe, was andere so machen. Ich pflege jetzt seit mehr als zwei Jahren meine morgendlichen Rituale und habe immer wieder erstaunt feststellen müssen, dass der Tag einen völlig anderen Dreh bekommt, wenn ich ihn nicht auf die gleiche Art und Weise beginne. Immer wenn ich etwas dem Zufall überließ oder sich wahllos Aufgaben zwischen meine gewohnte Planung schoben, lief es nicht rund. Und ehe man bis drei zählen kann, ist der Tag vorbei, und man hat nichts geschafft. Wie gedemütigt und verloren ich mich dann jedes Mal fühle, muss ich vermutlich nicht weiter ausführen. Hier kommt, was am besten für mich funktioniert:

Nr. I — Atmen
Zeitaufwand: 3 bis 5 Minuten

Ich mache mir morgens gar keinen Stress und stehe nie auf der Stelle auf, wenn mein Wecker klingelt. Unverschämter Luxus! Ich verwende eine App (»SleepCycle«) auf meinem iPhone, die meine Schlafphasen aufzeichnet und mich innerhalb eines 30-minütigen Zeitfensters weckt, in dem mein Schlaf nicht besonders tief ist. Wenn ich aufwache, atme ich zuerst ein paar Minuten lang tief durch. Vom Gemüt her bin ich meistens hektisch, nervös und getrieben. Daher ist es sehr wertvoll für mich, durch gezielte Atemübungen meinen Puls zu senken. Oft schaffe ich es, meinen Puls von 85 Schlägen pro Minute auf 65 bis 70 herunterzubekommen. Außerdem sortiert gezieltes Atmen meine losen Gedankenfetzen und schützt mich davor, wieder in mein Gedankenkarussell zu »steigen«.

Nr. 2 — Das »Five-Minute-Journal«
Zeitaufwand: ca. 2 bis 3 Minuten
(je morgens und abends)

Tagebücher habe ich nie geschrieben. Sämtliche Versuche in meiner Jugend schlugen nach gefühlten drei Versuchen fehl. Auch beliebte Planer und Organizer, die man heute überall kaufen kann, sind nicht so mein Ding. Meistens kommen sie viel zu überfrachtet daher mit Wunschlisten, To-do-Listen mit 20 Zeilen, Analysen, Statistiken, Persönlichkeitstests, sinnfreien Kalendersprüchen, die null motivieren oder anderem Wischiwaschi. Ich will schnell ans Ziel kommen und nicht von einer Flut an Optionen überrollt werden. Und hey — erst recht nicht morgens! Da will ich einfach nur gut in den Tag kommen. Das »Five-Minute-Journal« ist völlig anders und darum liebe ich es so sehr. Es stellt dir jeden Morgen exakt dieselben Aufgaben:

1. *Ich bin dankbar für: 1... 2... 3...*

2. *Was werde ich tun, um diesen Tag zu einem guten zu machen? 1... 2... 3...*

3. *Affirmationen: Ich bin...*

That's it. Das sieht doch einfach und übersichtlich aus, oder? Ist es auch. Davon fühle ich mich morgens nicht erschlagen, und es verlangt mir nur ein Minimum an Zeit ab. Manchmal ist es aber doch ein kleines bisschen tricky: Fallen dir immer auf Anhieb drei Dinge ein, für die du dankbar bist? Also mir nicht immer. Besonders nicht, wenn ich gerade auf einem meiner »Ich-hasse-die-Welt-und-sie-mich-auch«-Trip bin. Noch ein Grund mehr, sich in Dankbarkeit zu üben und den eigenen Fokus auf die schönen Dinge zu lenken. Abends mache ich dasselbe Spielchen noch einmal:

DIE RICHTIGE UNTERSTÜTZUNG FÜR DEIN NEUES MINDSET

1. Drei schöne Dinge, die heute passiert sind: 1… 2… 3…

2. Wie hätte ich diesen Tag noch besser machen können? …

Ich verwende das »Five-Minute-Journal« als App, weil ich dort auch ein »Picture Of The Day« hinzufügen kann. Darauf freue ich mich schon immer tagsüber. Du kannst es dir auch als Buch kaufen oder dir die Fragen selbst in dein Notizbuch schreiben.

Nr. 3 — Espresso oder Tee
Zeitaufwand: ca. 10 Minuten

Bevor ich mir endgültig einen Ruck gebe und aufstehe, genieße ich noch meinen Espresso aus frisch gemahlenen Bohnen. Schwarz oder mit Kokosöl (das kurbelt den Stoffwechsel an!), manchmal auch mit Zimt. Meistens muss ich für meinen Espresso nicht einmal aufstehen, den bringt mir immer mein Mann ans Bett. Juhu! Kaffee trinke ich nie und mag ihn auch nicht besonders, während ein schöner starker Espresso für mich der reinste Genuss ist. Ich trinke ihn nicht, um morgens in die Gänge zu kommen, sondern weil es ein beruhigendes Ritual ist. In der kalten Jahreszeit ziehe ich grünen Tee vor.

Nr. 4 — Proteine, Proteine, Proteine
Zeitaufwand: ca. 3 Minuten

Ich esse kein Frühstück, das habe ich mir abgewöhnt. Ich liebe alles, was zu einem süßen Frühstück gehört, und eigentlich ist das Frühstück sogar meine Lieblingsmahlzeit. Aber morgens schon seinen Blutzuckerspiegel mit Nutella und Co. Kapriolen tanzen zu lassen, geht gar nicht! Meine Konzentration wäre schon am Anfang im Eimer. Die herzhaften Frühstücker unter uns haben's hier wesentlich leichter. Außerdem ist ein zu voller Magen hinderlich beim Trainieren, also verzichte ich und trinke nur einen Proteinshake. Ich trinke veganes Erbsenprotein, das zwar nicht gerade für Gourmet-Momente sorgt, aber da muss ich durch. Molkenprotein vertrage ich nicht.

```
Nr. 5 — Trainingseinheiten
Zeitaufwand: ca. 30 Minuten
```

Mein Training ist unantastbar! Erst dieses Ritual sorgt überhaupt dafür, dass ich wach werde und später auch mein Denkorgan benutzen kann. Wenn aus wichtigen Gründen mein Training ausfällt, bricht meine Performance schlagartig ein. Ich entscheide oft spontan, welches Training ich durchführe. Wenn meine Waden noch vom Lauf am Vortag schmerzen, mache ich Krafttraining, springe Seil oder gehe spazieren (in schnellem Tempo). Hauptsache, ich bewege mich überhaupt, da mache ich mir keinen Druck. Ich achte aber schon darauf, mindestens zwei- bis dreimal pro Woche richtig ans Limit zu kommen und meinen Körper herauszufordern. Natürlich kommt ab und zu einfach das Leben dazwischen. Man hat Termine, die nicht anders gelegt werden können, Arztbesuche oder Notfälle. Das ist normal und total in Ordnung. Aber wann immer ich es einrichten kann, mache ich es genauso wie oben beschrieben.

Früher war ich versessen darauf, immer 100 Prozent zu erreichen, weil ich nichts schrecklicher finde als Planänderungen. Ich bin so ein verbissener kleiner, unflexibler Organisationsstratege. Ein gut aufgestellter Plan ist die halbe Miete lautet normalerweise mein Credo – wenn es anders kommt, tja ... dann hast du eine Melina mit schlechter Laune zu Hause. Ich schaffe es nicht jeden Tag, alle Punkte zu erfüllen, aber sagen wir in 75 Prozent der Fälle klappt es. Es hilft enorm, wenn man an jedem Tag einige der vorgenommenen Punkte durchführt, um sich die Gewohnheit der Morgenroutine zu erhalten. Langsam werde ich in dieser Hinsicht aber gelassener.

DER WERT VON AFFIRMATIONEN

Ein weiteres Ritual, das sich prima in die Morgenroutine integrieren lässt und sogar Selbstblockaden lösen kann, stellen aufmunternde, positive Affirmationen dar. Klingt vielleicht erst mal schlecht greifbar, so nach dem Motto: »Ich denke an ein paar schöne Dinge und schwupps – bin ich ein neuer Mensch!« Doch hinter positiven Affirmationen steckt mehr, als du vermutlich glaubst, daher bringen wir hier jetzt ein wenig Licht ins Dunkel. Der Grund dafür, dass Affirmationen funktionieren können, sitzt in unserem Gehirn und hört auf den spannenden Namen: Aufsteigendes retikuläres Aktivierungssystem (kurz ARAS). Vereinfacht ausgedrückt handelt es sich hierbei um auf- und absteigende Verbindungen zwischen den Hirnregionen Cortex und Thalamus. Dieses Netzwerk gehört zum unbewussten Teil unseres Gehirns und steuert unter anderem unsere Wachheit und Aufmerksamkeit. Sämtliche vom ARAS ausgesendeten Signale gelangen sofort in unser Bewusstsein. Dadurch sind wir in der Lage, unsere ungeteilte Aufmerksamkeit auf eine bestimmte Handlung zu lenken.

Stell dir mal vor, du sitzt in einem Restaurant. Was andere Personen am Nebentisch erörtern, ist dir völlig egal. Diese Informationen braucht dein Gehirn nicht, und deswegen werden sie ignoriert, obwohl die Menschen vielleicht sogar laut genug reden, um sie zu verstehen. Du sitzt also gemütlich über deinem Salat oder deiner Instagram-tauglichen Smoothie Bowl und unterhältst dich mit deiner Verabredung, als ganz plötzlich dein Name am Nebentisch fällt. Du stehst gleich senkrecht und bist sofort hundertprozentig konzentriert, oder? Die Information »Oh, die haben meinen Namen gesagt!« ist offenbar sehr wichtig und bekommt sofort die volle Aufmerksamkeit. Du hast nicht aktiv zugehört, aber dein ARAS hat die wichtige Information abgefangen und dein Bewusstsein aktiviert. Oder ist dir schon einmal aufgefallen, dass du Interesse an etwas hattest – Schuhe oder eine Handtasche meinetwegen – und plötzlich fallen dir nur noch Leute auf, die genau dein Objekt der Begierde auf der Straße spazieren tragen? Früher wäre dir das nie aufgefallen! Aber seit du diesen Wunsch hegst, hast du das Gefühl, nur noch Frauen mit genau diesem Stück da draußen herumlaufen zu sehen. Das hast du ebenfalls deinem ARAS zu verdanken.

DAS PROGRAMMIERBARE UNTERBEWUSSTSEIN

Aber was hat ARAS denn mit Schüchternheit zu tun? Das ist schnell erklärt: Unser Unterbewusstsein ist »programmierbar« oder freundlicher formuliert – lernfähig. Und wir wollen erreichen, dass das ARAS uns dabei hilft, unsere Aufmerksamkeit auf positive Ziele zu lenken. Durch wiederholte positive Bestätigungen beeinflusst du deine selektive Wahrnehmung und veränderst die Filter deines Unterbewusstseins. Die Realität ist nämlich immer nur das, was dein Unterbewusstsein durchlässt und du somit bewusst wahrnimmst.

Durch die ständige, nachdrückliche Wiederholung positiver Glaubenssätze wird der Fokus des Unterbewusstseins darauf gelenkt, sich auf neue, positive Ziele zu konzentrieren[17]. Was nicht dazu passt, wird nach und nach ausgesiebt und ignoriert. Als Schüchterner wirst du sicher mit einer ganzen Reihe von Ängsten morgens aus dem Bett steigen:

» Wie verhalte ich mich bloß heute im Meeting?
» Ich habe so eine Angst, alles zu vermasseln.
» Was denkt mein Chef bloß von mir?
» Hoffentlich treffe ich heute im Supermarkt niemanden, den ich kenne.
» Ich bin so ängstlich, dass es wehtut.

Das sind eine ganze Menge negativer Annahmen, findest du nicht? Diese negativen, verneinenden Vorstellungen gilt es nicht nur durch positive Affirmationen auszugleichen, sondern am besten auch nach und nach ganz zu eliminieren. Das wird nicht sofort auf Anhieb funktionieren, man braucht Geduld und sehr viel Ausdauer dafür! Du musst schließlich bedenken: Du hast Jahre damit verbracht, dir selbst einzureden, dass andere deine Meinung nicht hören wollen oder dass du unwichtig bist. Das negative Selbstbild ist so tief verwurzelt, da kann so eine niedliche Ansage wie »ab heute bin ich eine Gewinnerin« erst mal wenig ausrichten.

Wir müssen unserem Gehirn mit einer Art Dauerbeschallung eintrichtern, dass von nun an andere Regeln gelten. Du wirst nicht sofort Veränderungen spüren, weil dein Unterbewusstsein noch an seinen negativen Annahmen festhält. Das ist normal. Vielleicht sagst du dir deine Affirmation sogar 10-, 15-, 20-mal hintereinander auf, aber du kommst damit nicht durch. Alles sträubt sich innerlich in dir, und jedes Mal kommt das Feedback: »Das glaubst du doch selbst nicht!« Oder »Hast du sie noch alle?!«

Ja, das kenne ich wohl. Das Unterbewusstsein ist mächtig, und die innere Angst hat eine echt große Klappe. Wenn ich sie visualisieren müsste, würde ich sie beschreiben wie eine Hydra, dieses widerliche schlangenähnliche Ungetüm aus der griechischen Sagenwelt. Das Gemeine an ihr ist: Verliert sie einen Kopf, wachsen ihr an derselben Stelle gleich zwei neue. Du denkst, dass du einfach nicht gewinnen kannst. Aber zum Glück ist es hier anders: Wir können uns aussuchen, wer wir sein möchten und unsere Realität selbst bestimmen.

Mach weiter, immer weiter. Der Erfolg kommt langsam, aber er kommt. Hämmer solange auf dein Unterbewusstsein ein, bis es anfängt, dir zu glauben, dass du es wirklich ernst meinst. Es macht einen Unterschied, ob du dieses Ritual pflegst und dabei bleibst! Selbst-Affirmationen sind nichts anderes als Autosuggestion und eine sehr effektive Methode, das eigene Unterbewusstsein zu trainieren! Ich kann aus eigener Erfahrung empfehlen, sich gleich morgens nach dem Aufwachen hinzusetzen und damit anzufangen.

Dabei gibt es mehrere Möglichkeiten, das Unterbewusstsein langsam auf die neuen Affirmationen einzustimmen: Du kannst dir zum Beispiel ein Tagebuch nehmen und jeden Tag deine Affirmationen aufschreiben. Manche schreiben denselben Satz sogar 10- bis 15-mal hintereinander auf. Ein bisschen so wie Bart Simpson im Intro der TV-Serie, du erinnerst dich? Er kritzelt die ganze Tafel mit ein- und demselben Merksatz voll. Du kannst dich aber auch gerade hinstellen, durchatmen und dir deine Affirmationen laut vorsagen, das ist noch effektiver als schreiben. Ich weiß, Selbstgespräche zu führen klingt nicht so verlockend. Ich habe mich anfangs auch geziert. Oft wird einem ja als Kind eingetrichtert, man solle doch bitte die Selbstgespräche sein lassen. Durch diese negative Erfahrung haben wir Angst davor, laut mit uns selbst zu reden. Wir wollen doch schließlich nicht als verrückt gelten, oder? Aber das ist Unsinn! U-N-N-S-I-N-N. Ein Selbstgespräch hilft, die Gedanken zu ordnen und zu fokussieren. Wir sollten es vielleicht aus Rücksicht auf unsere Mitmenschen nicht immer in Gesellschaft machen – ein ruhiger Rückzugsort wäre also nicht so verkehrt –, aber es ist ein wichtiges Werkzeug. Die eigene Stimme das sagen zu hören, was man erreichen will, gibt einem die positive Bestätigung, die man benötigt. Du hörst aus deinem eigenen Mund, was du erreichen willst. Es ist beispielsweise erwiesen, dass lautes Vorlesen Kindern mit einer Lese-Rechtschreib-Schwäche hilft. Gleiches gilt für das Lernen von Vokabeln. Der Effekt ist also: Unser Gehirn kann sich Dinge besser merken, wenn es sie zusätzlich auch noch hört. Genau diesen Effekt kannst du durch laut ausgesprochene Affirmationen aktivieren, um dein Gehirn mit positiven Zielen zu füttern.

Ich finde es unheimlich schwer zu verstehen, wie unser Gehirn arbeitet und welche Aufgaben jedes einzelne Neuron und jede Nervenbahn hat, aber es ist so spannend! Die Wissenschaft stochert in manchen Bereichen ziemlich im Dunkeln, so komplex und faszinierend ist unser Denkapparat. Für mich aber war die Erkenntnis wichtig: Nur weil ich vieles nicht weiß oder erklären kann, heißt das nicht, dass es nicht funktioniert! Obwohl es etwas rätselhaft oder esoterisch klingen mag, sich mit positiven Affirmationen ein neues Mindset zuzulegen, ist es letztlich nichts anderes als eine Veränderung in unserem Nervensystem.

DAS KLEINE HOW-TO: AFFIRMATIONEN

1. Denk dir Affirmationen aus, die bewusst offen oder neutral gehalten sind. Ich sage mir zum Beispiel: »Ich lasse mich nicht aus der Bahn werfen.«, »Ich kann meinen Gefühlen Ausdruck verleihen.«, »Ich schaffe, was ich mir vornehme.« Als ich große Angst hatte, das erste Mal eine Leserin meines Blogs zu treffen, habe ich mir übrigens fast 100-mal immer wieder selbst gesagt: »Egal, wie es wird – neue Erfahrungen sind immer wichtig!« Irgendwann habe ich es geglaubt und mich auf das Treffen gefreut.

2. Greif nicht gleich nach den Sternen. Enthusiasmus ist gut, aber zu hohe Ansprüche an sich selbst schmettern eher nieder. »Ich werde mich Schritt für Schritt von meinen Ängsten befreien.« Das ist realistisch und glaubwürdig.

3. Formuliere positive Zielsetzungen ohne das Wort »nicht«. Was passiert, wenn ich zu dir sage: »Denk nicht an rosa Elefanten!« Du denkst an rosa Elefanten. Das

Unterbewusstsein kennt das Wort »nicht« nicht. Lass das also lieber, sonst passiert womöglich das Gegenteil von dem, was du möchtest.
4. Wiederhole deine Affirmation jeden Tag, am besten zu unterschiedlichen Zeiten über den Tag verteilt. Dafür kann man sich auch eine Erinnerung im Smartphone eintragen. Dies ist der allerwichtigste Schritt, damit dein Wunsch überhaupt bis zum ARAS durchdringt und »ernst genommen« wird.

5. Glaub an das, was du sagst. Wenn du nicht darauf vertraust, dass deine Affirmationen stimmen, ist die ganze Übung sinnlos.

ÄNGSTE BUCHSTÄBLICH WEGTRAINIEREN

≈

»GÄBE ES SPORT ALS TABLETTE,
WÄRE ER DAS AM HÄUFIGSTEN VERSCHRIEBENE
MEDIKAMENT DER WELT.«

(Emory University Atlanta, medizinische Fakultät)

≈

So wie meine veränderte Sichtweise hat auch Sport seinen Teil dazu beigetragen, dass ich inzwischen deutlich entspannter mit meinen Selbstzweifeln umgehen kann. Ich habe es im letzten Kapitel schon angedeutet, und es klingt fast zu schön, um wahr zu sein, aber Sport ist einfach das Mittel der Wahl, wenn es darum geht, sich selbst kennenzulernen und Kampfgeist zu entwickeln. In diesem Zusammenhang fällt oft der Begriff Resilienz. Er leitet sich vom lateinischen Verb »resilire« ab und bedeutet so viel wie »abprallen«. Dieser Fachbegriff drückt das Vermögen eines Menschen aus, Krisen zu bewältigen und trotz Schicksalsschlägen optimistisch zu bleiben. Man könnte sagen, bei Resilienz handelt es sich um eine Art seelisches Immunsystem. Menschen, die über Resilienz verfügen, lassen sich von Widrigkeiten nicht so schnell unterkriegen.

Toll Melina, und was hat das mit Sport zu tun? Sport ist ein transformativer Prozess: Sport lehrt dich, anders mit Widerstand umzugehen, egal, wo du bist und vor welcher Entscheidung du gerade stehst. Denn wenn du trainierst, stößt du immer auf Widerstand, ganz klar. Dein Körper zeigt dir deine Grenzen auf. Aber du lernst, damit umzugehen und verinnerlichst, dass Widerstand zum Leben einfach dazugehört. Soll heißen: Ich komme besser damit zurecht, wenn jemand eine Bemerkung macht, die ich nicht deuten kann. Oder wenn ich mit meiner Meinung nicht überall offene Türen einrenne, ist das auch in Ordnung für mich. Mir hat Sport beigebracht zu kämpfen, mir selbst zu vertrauen und wenigstens ein Stück weit Kontrolle über mich und meinen Verstand zu gewinnen, wenn ich schon nicht die äußeren Umstände beeinflussen kann. Ich nehme Rückschläge und Niederlagen gelassener hin, und vor allem betrachte ich sie mehr als Chance statt als Enttäuschung. Etwa 30 Minuten täglich an der frischen Luft spazieren zu gehen machen schon einen riesigen Unterschied für mich aus.

Falls Sport für dich zu bedrohlich klingt, sagen wir einfach Bewegung. Wichtig ist nicht, eine bestimmte Anzahl an Übungen oder Trainingsminuten zu erreichen. Auch wenn ich mir das am Anfang selbst auferlegt habe – es bringt einfach nichts. Man gibt erfahrungsgemäß zu schnell auf, wenn man gleich ein paar Level höher einsteigen will. Eine gute Gewohnheit entsteht durch kleine, stetige Fortschritte, die helfen, überhaupt am Ball zu bleiben (siehe Kapitel: »Der Mensch – ein Gewohnheitstier«). Manchmal genügt es schon, einfach eine kurze Runde um den Block zu marschieren. Ohne Pulsuhr und Mindestvorgabe, ohne Druck. Bei regelmäßiger Wiederholung kommt der Rest von ganz allein und man entwickelt ganz nebenbei ein Gefühl für die eigenen Fähigkeiten und Grenzen.

SPORT UND ICH? LANGE KEIN DREAM-TEAM!

Vielleicht sollte ich hier mal ganz beiläufig erwähnen, dass ich im Grunde ein richtiger Bewegungsmuffel war. In meiner Familie wurden intellektuelle Qualitäten weitaus mehr geschätzt als eine athletische Topform. Wir spielten Mastermind oder Malefiz, aber bestimmt nicht Handball oder Hockey. Ich mag mich ja irren, aber es könnte daran gelegen haben, dass keiner in meiner Familie Sport mochte. »Sport, was ist das? Das ist anstrengend, oder?« Auch heute werden unsere gemeinsamen Dänemark-Urlaube im Winter davon bestimmt, den ganzen Tag zu lesen, Gesellschaftsspiele zu spielen und auszukundschaften, wo man die besten Napoleonshüte herbekommt. Das sind kleine Mürbteig-Teilchen in Form eines Dreispitz, die mit einer großen Marzipankugel gefüllt und an den drei Ecken mit Zartbitter-Schokolade überzogen sind. Also, wie Genuss geht, wissen wir! Nur mit Sport ist es so eine Sache…

Jetzt kannst du dir in etwa vorstellen, auf welchem Platz sportliche Aktivitäten in meiner Prioritätenliste früher rangierten. 99? 100? Ich ging im Alter von vier Jahren mal zum Ballettunterricht und später bisweilen zum Turnen. Aber diese Phasen waren nur kurz. So viel also zu meinem sportlichen Background. Niemand in unserer Familie war je dick. Vielleicht war ja sogar genau das unser Problem: In meiner Familie dachten alle, man müsse sich nur bewegen, wenn man ein paar Kilos loswerden muss. Dass es um die Gesundheit und Widerstandsfähigkeit geht, hat niemanden von uns wirklich interessiert. Zudem kannte ich sportliche Betätigung nur als schulische Aktivität, die mehr mit Drill zu tun hatte als mit Spaß. Welchen Stellenwert hat Sport in deiner Familie? Ist es etwas Lästiges, das man wiederwillig tut oder macht es euch Freude, gemeinsam aktiv zu sein? Allein die Antwort darauf kann schon eine Menge unbewusster Annahmen aufdecken, die einem helfen,

Sport in neuem Licht zu sehen. Eventuell kennst du Sport auch nur als Mannschaftsspiel? Gerade Schüchterne empfinden Sport dann eher als etwas weniger Erstrebenswertes und haben vielleicht sogar Angst davor. Aber keine Sorge, jetzt bist ja zu erwachsen und kannst dir dein ganz eigenes Programm zusammenstellen. Niemand zwingt dich, Fitnesskurse in der Gruppe zu belegen – mach, woran du Freude hast!
Aufgrund meiner nicht so sportlichen Vorgeschichte fiel es mir unglaublich schwer, mich zu bewegen. Meine Kondition war ein absoluter Witz und reichte mal gerade für einen ausgedehnteren Spaziergang. Aber auch eher im Schlendern als im Gehen. Ich musste wirklich üben, mich zu bewegen.
Meine ersten richtigen Versuche unternahm ich 2012, als ich urplötzlich auf die Idee kam, laufen zu gehen. In den Jahren zuvor hatten mein Mann und ich schon versucht, regelmäßig ein Fitnessstudio aufzusuchen. Allerdings aus dem einzigen Beweggrund, unsere überschüssigen Pfunde abzutrainieren. Meine Motivation, etwas zu ändern, reichte nicht lange und nach zwei Jahren Studio-Mitgliedschaft war die Luft endgültig raus. Das Problem war nicht nur die mangelnde Anleitung durch einen Experten, sondern auch unsere Zielsetzung. Um mein Gewicht ging es eigentlich gar nicht. Mir hatte einfach nie jemand beigebracht, welchen Sinn körperliches Training wirklich hat: Nämlich die Entwicklung von Resilienz und eine Verbesserung der Selbstwahrnehmung. Das ist der Schlüssel für Schüchterne. Nicht etwa Muskelaufbau oder Gewichtsabnahme.
Als ich das erste Mal laufen ging, traute ich mich nur abends auf die Straße und auch nur auf Wegen, von denen ich wusste, dass dort auch ja nicht zu viele Menschen unterwegs sein würden. Hallo Selbstzweifel! Ich wollte um jeden Preis vermeiden, dass mir jemand bei meinen ersten Versuchen zusieht. Oder gar mitbekommt, wie meine Oberschenkel beim Laufen fröhlich vor sich hin wabbelten. Der Spruch »es ist noch kein Meister

vom Himmel gefallen«, gehörte für mich definitiv zur Kategorie »Sätze, die ich nie sagen würde«.
Und überhaupt: Das musste alles gut aussehen, was ich da machte. Streich das »gut«, ich meine natürlich perfekt. Und die Kleidung erst. Noch keine zwei Kilometer gelaufen sein, aber schon mal Laufhose, Jacke und Schuhe für ein kleines Vermögen shoppen gehen. Aber sei's drum. Wenn es einen Motivationskick gibt – einfach machen!
Ich lief und lief und steigerte dabei mein Pensum schnell auf dreimal pro Woche. Natürlich lief ich im Schneckentempo und auch nur kleinere Distanzen zwischen drei und fünf Kilometern. Am Anfang war es jedes Mal eine Qual, nach einem langen Arbeitstag mühsam die Laufschuhe zu nehmen und vor die Tür zu gehen. Und glaub mir, ich habe mich oft davor gedrückt. »Wie, heute noch laufen gehen? Aber ich war doch schon mit dem Fahrrad bei ALDI! Und morgen muss ich doch zum Zahnarzt. Ach ja und Samstag, nein, also da bin ich schon eingeladen. Keine Zeit für Sport!«
Dummerweise bemerkte ich aber immer, dass es mir ohne Bewegung auch nicht gut ging, im Gegenteil. In den Wochen, in denen ich konsequent rausging und lief, merkte ich, dass etwas mit mir passierte. Ich fühlte mich ausgeglichener, selbstsicherer und mental stark. Nachdem ich erst einmal Blut geleckt hatte, wollte ich die ganze Bandbreite kennenlernen. Als Nächstes nahm ich funktionales Training mit in meinen Plan auf, ein Konzept, das durch seine komplexen Bewegungen immer mehrere Muskelgruppen auf einmal trainiert. Ich probierte die E-Books der Australierin Kayla Itsines aus. Sie ist mittlerweile ein internationaler Fitness-Star. Als ich 2014 mit ihrem Programm anfing, war von diesem Hype um ihre Person noch nicht so viel zu spüren. Sie legt großen Wert darauf, ihr Programm mehr als Training fürs Selbstbewusstsein als für die Gewichtsreduktion zu bewerben. Das sprach mich sehr an.

DIE RICHTIGE UNTERSTÜTZUNG FÜR DEIN NEUES MINDSET

SCHWIERIGE PHASEN ÜBERWINDEN

Du wirst, genau wie ich, Phasen erleben, in denen es mal nicht so gut läuft mit deinen Vorsätzen. Es klappt einfach nicht immer, seinen Zeitplan so einzuhalten, wie man möchte, und du wirst auch feststellen, dass dein Körper manchmal etwas mehr Zeit braucht, um zu wachsen und zu regenerieren. Das absolut Schlechteste, was du dann tun kannst, ist, auf deinen Körper und seine mangelnde »Leistungsbereitschaft« sauer zu werden. Sei nachsichtig mit dir selbst und erzwinge niemals einen Fortschritt!

Trotz meines großen Erfolgs am Anfang hatte ich oft das Gefühl, eine Niete zu sein. Ständig sagte ich mir vor: »Das Programm ist doch sicher so gemacht, dass man es schaffen kann. Was bin ich nur für ein Loser!« Manchmal dachte ich auch, ich kämpfte eher gegen meinen Kopf, der mir andauernd gehässige Vorwürfe machte, als gegen meine schwache Kondition. Na, merkst du was? Die Selbstzweifel ließen mal wieder grüßen. Und der innere Perfektionist war ebenfalls schnell zur Stelle: Beim Laufen stieß ich zwischendurch an meine Grenzen, weil ich zu viel auf einmal wollte. Sogenannte »Shin Splints« – fiese Schmerzen in der Fuß- und Schienbeinmuskulatur, die bei Anfängern durch Übertraining auftreten können – sorgten für den ersten Rückschlag und zwangen mich zur Ruhe. Während dieser Phase neigte ich dazu, alle meine Leistungen herunterzuspielen und mich wertlos zu fühlen, wenn ich mal eine Woche lang nicht trainieren konnte. In solchen Phasen ist es besonders wichtig, nachsichtig mit sich selbst zu sein und auf die bereits errungenen Erfolge zu schauen. Nicht nur der Kopf braucht Zeit, mit neuen Situationen zurechtzukommen, auch der Körper. Je schneller du lernst, sanft und fürsorglich mit deinem Körper umzugehen, desto schneller wird er dich dafür mit Stärke und Widerstandskraft belohnen. Irgendwann wurde mein innerer

Kritiker lockerer, und ich freute mich sogar richtig auf meine Sporteinheiten.

Heute ist Bewegung ein integraler Teil meines Alltags. Ich habe eine Smart Watch, die mich immer wieder ermahnt, aufzustehen und mich zu bewegen. Ich gehe nach wie vor laufen, ich springe Seil, mache Pilates und gehe spazieren. Immer abwechselnd – nach Lust und Laune. Mittlerweile brauche ich auch kein Trainingsprogramm mehr. Es hat mir am Anfang geholfen, meinen Körper kennenzulernen und zu erfahren, wie schnell ich es schaffen konnte, meine eigenen Grenzen auszudehnen. Mittlerweile habe ich so viel Freude an Sport und Bewegung gewonnen, dass es mir einfach ein Bedürfnis ist, täglich an die frische Luft zu kommen. Bestimmt wirst du ebenso feststellen, wie viel besser es dir und deiner Psyche geht, wenn du regelmäßige Bewegung in deinen Alltag einbaust.

DIE WILLENSKRAFT STÄRKEN

Wie jede Frau fing ich damals an, Sport zu treiben, weil ich unbedingt abnehmen wollte. Das war in meiner »Alle gehen ins Studio, also mach ich das auch«-Phase. Aber etwas anderes geschah, und das war viel wichtiger: Ich lernte mich kennen. Ich erlangte mehr innere Kraft dadurch, dass ich spürte, was mein Körper eigentlich alles kann. Das spürte ich aber erst, nachdem ich mir mein Training selbst zusammenstellte und vor allem draußen trainierte. So wie meine Muskeln und Sehnen sich an die tägliche Belastung gewöhnten, entwickelte sich auch magischerweise mein Selbstwertgefühl. Die kleinen Erfolge auf der Laufstrecke zeigten mir, dass ich auch »im echten Leben« mehr wagen konnte. Als Läuferin erbringe ich die Leistung zu 100 Prozent selbst, diesen Sieg habe ich also allein mir zu verdanken. Das stärkt mich in dem Gefühl, mein Leben selbst in die Hand zu nehmen und nicht darauf zu hoffen, dass sich die Umstände anpassen und es mir leichter machen.

Mit dieser neuen Willenskraft spürte ich, dass ich die Gefühle der Angst auf ein kontrollierbares Maß schrumpfen kann. Wenn du es schaffst, deine Komfortzone Stück für Stück zu erweitern – und genau das passiert durch das regelmäßige Training – dann kannst du das Gleiche in jeder denkbaren Alltagssituation tun, in der du dich normalerweise ängstlich und schüchtern fühlst.

Der ehemalige NBA-Basketballspieler und fünffach als »wertvollster Spieler« ausgezeichnete Michael Jordan hat einmal gesagt:

»ICH KANN VERSAGEN AKZEPTIEREN,
KEINER IST PERFEKT. ABER WAS ICH NICHT AKZEPTIEREN KANN,
IST, ES NICHT ZU VERSUCHEN.«[18]

Wenn du beim Trainieren also mal eine miese Tagesform hast, dann ist das so. Ich weiß, der innere Perfektionist will jeden Tag neue Erfolge sehen und grummelt vor sich hin, wenn mal keine Bestzeit drin war. Aber bleibst du dran und kämpfst dich durch, macht dich dieses Durchhaltevermögen zum Gewinner – auch in anderen Situationen. Wenn dich jemand schief ansieht oder du mal etwas Falsches sagst, wirst du nicht mehr tagelang deine gesamte Existenz infrage stellen oder dich schämen. Auch macht es dir nicht mehr so viel aus, unter Leute zu gehen und deine Meinung vor ihnen zu vertreten. Deine Meinung ist genauso wichtig wie die der anderen! Ich bemerke zum Beispiel auch schneller, dass meine Akkus leer sind und ich mich zurückziehen muss.

SPORT AUS WISSENSCHAFTLICHER SICHT

Zugegeben: Ich habe natürlich schon einige Psychologie-Ratgeber und diverse Zeitschriften gelesen, die alle davon schwärmen, welchen Effekt Sport und Bewegung auf die Psyche haben. Aber man glaubt es nicht, bis man es selbst erlebt. Tatsächlich stieß ich bei den Recherchen für dieses Buch sogar auf eine Studie der Charité Berlin, die zeigt, dass bei vielen Patienten mit Angststörungen und Depressionen Bewegung sogar ebenso hilfreich sein kann wie eine Verhaltenstherapie und dass Sport außerdem die Freisetzung von Stresshormonen verringert[19].

Also doch: Sport – ein Wundermittel. Doch keine Sorge, ich will damit nicht sagen, dass alle Schüchternen eine Angststörung haben. Ich glaube vielmehr, dass Bewegung – wenn sie schon bei tiefgreifenden psychischen Störungen so viel verändern kann – für uns schüchterne Angsthasen erst recht ein Gewinn sein kann. In den meisten Studien wird empfohlen, mit Ausdauersport anzufangen. Kardiotraining – vor allem draußen an der frischen Luft – sagt man den größten Effekt auf die Psyche nach. Ich habe ähnliche Beobachtungen bei mir gemacht: An Tagen, an denen ich Krafttraining und nicht Kardio mache, kann ich mich gut abreagieren, bin aber auch schnell ausgepowert durch die hohe Trainingsintensität. Ein Kardiotraining wie schnelles Gehen und Laufen hingegen sorgen bei mir für mehr Wohlbefinden den ganzen Tag über.

Neulich war gerade wieder so ein Tag, an dem ich bemerken konnte, wie schnell mich ein wenig Sport wieder in eine bessere innere Balance bringt. Zunächst hatte ich mich maßlos über mich selbst geärgert. Da lief – ohne Witz! – ein Mädchen mit einem Esel an einer Leine durch den Park bei mir um die Ecke. Ich wäre so, so, so gern hingelaufen und hätte das Tier gestreichelt! Wann läuft vor deiner Haustür ein Esel vorbei, hm? Aber guess what: Ich war in dem Moment zu schüchtern. »Ach

Auch wenn es hier eigentlich um die Wirkung auf die Psyche geht, möchte ich noch kurz darauf eingehen, was mir Bewegung und körperliche Fitness sonst noch alles so gebracht haben:

1. **Bewegung hält mein Immunsystem auf Trab.** Ich war immer ein kränklicher Mensch, der beim kleinsten Windstoß eine fette Erkältung aufschnappte. In den vergangenen drei Jahren hatte ich kaum noch Probleme damit.

2. **Ich schlafe besser.** Ich habe eine App, die den Gyrokompass und das eingebaute Mikrofon im iPhone nutzt, um meine Bewegungen und die Geräusche im Schlaf zu messen. An den Tagen, an denen ich sportlich unterwegs war, habe ich eine wesentlich ausgeglichenere Statistik über meine Tiefschlafphasen und fühle mich morgens auch entsprechend erholter.

3. **Meine Knochen und Muskeln werden gestärkt.** Meine Arme waren Pudding, und ich schaffte nur einen Liegestütz. Mein derzeitiger Rekord liegt bei 36, und Nackenverspannungen treten wesentlich seltener auf.

4. **Sport macht mich produktiv.** Ich arbeite von zu Hause aus und muss mich echt am Riemen reißen, nicht den ganzen Tag vor mich hin zu prokrastinieren. Durch Sport erhält das Gehirn eine große Extraportion Sauerstoff und schüttet vermehrt das Hormon ACTH aus. Dieses Hormon senkt den Blutdruck, verbessert die Konzentration und hilft mir, fokussiert zu bleiben.

5. **Sport verhilft zu guter Laune.** Nicht nur Glückshormone werden vermehrt ausgeschüttet, sondern auch Stresshormone schneller abgebaut, zum Beispiel Adrenalin, Cortisol und Noradrenalin. Also doppelt genial.

6. Meine Figur wird gestrafft. Und ja, last but not least, sieht man auch deutlich straffer aus, wenn man am Ball bleibt. Und dagegen habe ich natürlich auch nichts einzuwenden.

Erinnerst du dich an das Zitat, das ich zu Beginn des Kapitels angeführt habe? Teste Sport als »Medikament« einfach mal aus. Ich habe deutlich den Unterschied kennengelernt zwischen müde, dünnhäutig und ängstlich versus motiviert, entspannt und mutig. Natürlich gibt es weitere Faktoren, die das Wohlbefinden beeinflussen, aber den Effekt von Sport spüre ich beinahe von der ersten Sekunde an.

komm, die hält dich doch für eine Irre, wenn du jetzt wie ein kleines Mädchen angerannt kommst!« Stattdessen habe ich mich in die Büsche geschlagen und probiert, das sonderbare Duo mit dem Handy zu fotografieren. Nun ja, peinlich, peinlich. In einem solchen Moment hätte ich früher tagelang darüber nachgedacht, welches Problem ich eigentlich habe, wenn ich schon an solchen Pipifax-Aufgaben scheitere. Zum Glück kam ich dann jedoch auf die glorreiche Idee, sofort ein paar Runden laufen zu gehen und erst mal wieder runterzukommen. Als ich wieder nach Hause kam, war die Sache »gegessen«. Die ganze Geschichte mag sich für jemanden, der nie schüchtern war, vollkommen lächerlich anhören. Für mich waren solche Erlebnisse aber immer eine große Sache, während andere, Nicht-Schüchterne, gar keinen Gedanken an solche Kleinigkeiten verschwenden würden. Mich regelmäßig zu bewegen, hilft mir, meine kleinen Katastrophen als das zu sehen, was sie wirklich sind: Lappalien, die es nicht wert sind, Energie an sie zu verschwenden. Mich draußen richtig durchpusten zu lassen, holt mich auf den Boden der Tatsachen zurück, wenn ich mal wieder denke, ich sei aufgrund meiner Unzulänglichkeiten »komplett doof und zu nix zu gebrauchen«.

GUTE ERNÄHRUNG ALS TREIBSTOFF FÜR DEIN SELBSTBEWUSSTSEIN

Die richtige Einstellung zu sich selbst, eine passende Morgenroutine, regelmäßige Bewegung und – ja genau: auch ausgewogene Ernährung darf in dieser Aufzählung nicht fehlen! Und was hat das mit Schüchternheit zu tun?
Ich glaube, unsere Ernährung kann einen entscheidenden Einfluss auf unser Wohlbefinden haben. Wenn ich zum Beispiel mit meiner Familie im Urlaub bin, esse ich nicht ansatzweise

das, was ich sonst gewohnt bin, sondern passe mich nach und nach an die Essgewohnheiten anderer an. In den ersten Tagen versuche ich noch, all meinen Willen zusammenzunehmen und auf Süßes zu verzichten. Ich esse tapfer meine Haferflocken zum Frühstück oder nehme nur einen Proteinshake zu mir, während die anderen Blätterteigbrötchen mit Butter und Marmelade verputzen. Lange halte ich das aber meist nicht durch, und spätestens nach drei Tagen beobachte ich mich dabei, wie ich sämtliche herumliegenden Snacks, Kekse und Kuchen in mich hineinfuttere. Das Ergebnis spüre ich schnell: Mein Körper wird schwer und träge. Und nicht nur der. Auch mein Kopf arbeitet langsamer, ich werde tranig, schwerfällig und faul. Ich fühle mich nicht besonders stark oder motiviert, habe wenig Energie und Willenskraft. Eigentlich will ich dann nur noch herumliegen und fühle mich wie ein Klumpen Keksteig. Und dieses Gefühl führe ich auf meine (Urlaubs-)Ernährung zurück, denn wie im Kapitel »Der Mensch – ein Gewohnheitstier« schon festgestellt, hängt unsere Willenskraft ja unmittelbar mit unserem Blutzuckerspiegel zusammen. In diesem Zustand kann man mit mir machen, was man will – ich werde launisch, kann mich nicht mehr gut konzentrieren und bin zudem ängstlicher und gerate schneller in die Defensive. Da ich zu Hause normalerweise gesund koche und wenig Süßigkeiten esse, haben die veränderten Essgewohnheiten sehr schnell Auswirkungen auf meine körperliche Verfassung und diese dann wieder auf mein Selbstbewusstsein. Fühle ich mich schlapp und abgeschlagen, glaube ich, unterlegen zu sein und mich nicht zur Wehr setzen zu können. Ich habe weniger Durchhaltevermögen und bin auch sonst dünnhäutiger.

Ich wage einmal zu behaupten, dass es nicht wenigen Menschen so geht wie mir. Aus Erfahrung weiß ich aber leider auch, dass wir oft gar kein Gespür dafür haben, was unsere Ernährung eigentlich mit uns macht. Wir fragen uns, warum wir uns kaputt und ausgezehrt fühlen, aber kommen wir auf die Idee, dass dies zum Teil auch daran liegen könnte, was wir an Treibstoffen unserem Körper zumuten? Nein, meistens schieben wir unsere Abgeschlagenheit mehr auf Arbeitsstress oder auf andere Sorgen. Das ist sicher nicht falsch, nur ist das eben nicht die ganze Antwort.

Zahlreiche schulmedizinische Studien beweisen mittlerweile, dass ein Zusammenhang zwischen unserer Ernährung und unserer Stimmung besteht. Die Naturheilkunde geht schon sehr lange von dieser Wechselwirkung aus. »Iss dich glücklich« ist also gar kein abwegiges Konzept. Dass Menschen, die frisches Gemüse, Früchte, Fisch und Vollkornprodukte essen, ein geringeres Risiko haben, an Depressionen zu erkranken, wird wissenschaftlich immer wieder bestätigt. Und dass beispielweise übergewichtige Menschen eher zu Depressionen und Angsterkrankungen neigen, liegt nicht nur daran, dass sie unter ihrem Übergewicht leiden. Schlechte Essgewohnheiten führen zu einem Nährstoffmangel, der sich negativ auf unser Gehirn und die Psyche auswirkt[20].

An dieser Stelle möchte ich eine interessante Studie des Neurowissenschaftlers Fernando Gómez-Pinilla[21] zu den Auswirkungen von Umweltfaktoren auf unser Nervensystem anführen. Er sagt: »Nahrung wirkt wie ein pharmazeutisches Präparat aufs Gehirn.« Einzelne chemische Bestandteile des Essens beeinflussen das Gehirn positiv oder eben auch negativ. Eines von vielen Beispielen dafür sind die Omega-3-Fettsäuren, die in fettreichen Seefischen wie Lachs oder Makrele vorkommen und nicht nur dem Gehirn guttun, sondern auch der Stimmung. »In den vergangenen 100 Jahren ist der Konsum von gesättigten Fettsäuren und Transfetten in westlichen Zivilisationen dramatisch angestiegen, während die Aufnahme von Omega-3-Fettsäuren zurückging. Das könnte die steigende Häufigkeit von Depressionen in Ländern wie den USA oder Deutschland erklä-

Gute Ernährung als Treibstoff für dein Selbstbewusstsein

ren.« Ich halte das für eine schlüssige Theorie, zumal bekannt ist, dass in manchen Ländern Depressionen viel seltener auftreten. Zum Beispiel in Japan, wo viel Fisch mit Omega-3-Fettsäuren gegessen wird. Ich esse dummerweise aus Gründen des Geschmacks gar keinen Fisch. Vielleicht sollte ich das noch einmal überdenken.

Spätestens seit dem absolut genialen Bestseller »Darm mit Charme« von Giulia Enders[24] weiß auch der Durchschnittsdeutsche ohne medizinische Grundbildung: Der Darm besitzt ein eigenes Nervensystem und tauscht ständig Signale mit unserem Gehirn aus. Und zwar nicht nur die Signale »Hallo, ich habe Hunger« oder »Hör auf, ich bin satt«, sondern auch Informationen, die mit unseren Emotionen zusammenhängen.

Mit der richtigen Ernährung kann ich mein Wohlbefinden stimulieren, darum kann man es auch Soulfood nennen. Das

Glückshormon Serotonin beispielsweise kann nur gebildet werden, wenn wir mit unserer Nahrung ausreichend Tryptophan, Vitamin C, Magnesium, Mangan, Omega-3-Fettsäuren und Zink aufnehmen. Wenn wir uns aber den ganzen Tag industriell verarbeitete Lebensmittel mit viel gesättigten und gehärteten Fetten und Weißmehlprodukte ohne jegliche Nährstoffe reinschieben, ist es ja eigentlich logisch, dass es uns nicht besonders gut geht. Und wenn wir jetzt noch mit ins Feld führen, dass auch unser Blutzuckerspiegel Einfluss darauf nimmt, wie willensstark wir sind und welche Entscheidungen wir aufgrunddessen treffen – oh oh, da kommt dann einiges zusammen!

Mein tägliches Müsli hat eine ganze Menge Superfoods zu bieten, die die Serotoninproduktion ankurbeln: Haferflocken, gepoppter Amaranth und Quinoa, Bananen, Nüsse und Kerne. Je nachdem, was ich gerade vorrätig habe. Wenn ich darauf achte, ausgewogen und nährstoffreich zu essen, fühle ich mich emotional viel besser in der Lage, meine Ängste zu überwinden. Habe ich ein ausgeglichenes Körpergefühl, kann ich auch leichter auf andere Menschen zugehen und habe logischerweise mehr Energie, um stressige Situationen auszuhalten. Und für die Schokoladenfans unter uns gibt's ja auch noch die gute <u>Zartbitterschokolade mit 85-prozentigem Kakaoanteil</u>, die ich mir in mein Müsli reibe oder bei einem guten Glas Rotwein genieße. Ich liebe sie, und sie geht sogar als richtiges Soulfood durch, da sie viele Antioxidantien und Tryptophan enthält! Yes!

Also ja, Ernährung kann direkt und indirekt Einfluss auf unsere Schüchternheit nehmen. Und du kannst mir glauben: Mir fällt es wirklich nicht immer leicht, täglich gesund zu kochen und meine Finger von Frittiertem oder Süßem zu lassen. Ich bin nämlich eine echte Naschkatze. Und natürlich esse ich auch oft einfach das, worauf ich Lust habe. Das Essen soll schließlich Freude machen und nicht in irgendwelchen Zwängen enden. Aber wenn es darum geht, sich einen gesünderen Lebensstil anzueignen, hilft oft auch einfach die Devise: Was man nicht im Vorratsschrank hat, kann einen auch nicht in Versuchung bringen – Punkt für mich! Und das wird immer leichter, je öfter ich mir vor Augen führe, wie sehr ich davon profitiere.

WAS HAT DEIN UMFELD MIT DEINEM FORTSCHRITT ZU TUN?

Manche Individuen behaupten zwar, sie liebten Überraschungen – ich überhaupt nicht! – aber die meisten Menschen suchen nach einem stabilen Zustand und hängen an ihren Gewohnheiten. Insbesondere das Umfeld muss uns Stabilität geben, damit wir uns geborgen fühlen und uns überhaupt weiterentwickeln können. Stabilität bedeutet, dass wir uns auf etwas verlassen können. Unser Umfeld sollte heute wie morgen gleich sein und uns somit Planungssicherheit im Leben geben. Du baust darauf, dass deine Freunde morgen noch die gleichen sind wie heute, dass deine Wohnung oder dein Haus auch morgen noch steht und dass du jeden Morgen schön warm duschen kannst. Das ist Stabilität. Wir brauchen sie einfach, um uns täglich und in der Zukunft sicher zu fühlen. Und ja, auch wer nach Veränderung strebt und ständig Neues entdecken möchte, braucht Stabilität.

> »WIR SIND, WAS WIR SEHEN.
> WIR SIND EIN PRODUKT UNSERER UMGEBUNG.«
>
> Amber Valletta

Nun stellt sich natürlich die Frage: Was ist deine Umgebung, und was gehört da alles dazu? Mal ganz platt formuliert: Alles, was nicht in deinem Kopf ist und dich beeinflusst. Dazu zählen:

Deine Wohnung, dein Schreibtisch (oh ja, auch der!), dein Weg zur Arbeit, deine Freunde, deine Arbeitskollegen, die Nachrichten, die du liest, und sogar deine Essgewohnheiten. Über einiges hiervon habe ich schon ausführlich in anderen Kapiteln gesprochen, aber hier laufen meiner Meinung nach sämtliche Fäden zusammen, und ich sage dir auch, warum.

> »SAGE MIR, MIT WEM DU UMGEHST,
> SO SAGE ICH DIR, WER DU BIST.«
>
> Johann Wolfgang von Goethe

Der Meinung Goethes schließe ich mich an, denn ich bin überzeugt: Dein Umfeld prägt dich. Entweder positiv oder negativ. Das Problem dabei ist allerdings, dies geschieht oft ganz unbewusst. Natürlich können wir uns nicht aussuchen, wie wir aufgezogen werden oder wo wir aufwachsen. Dieses frühe soziale Umfeld sorgt aber bereits dafür, dass wir bestimmte Wertvorstellungen übernehmen und anwenden. Später in unserem Leben offenbart sich dann erst, welche es sind. Dann fällt uns vielleicht sogar auf: »Oh Mist!... Ich bin ja genauso wie meine Tante Brünnhilde. Alles, was ich jemals wollte, war: Nicht so zu werden wie sie!« Oder deine Mutter ruft plötzlich aus – und das meint sie bestimmt nicht als Lob: »Mann, du wirst ja langsam genauso wie dein Vater!« Ja, so könnte das laufen.

Ein Beispiel, an dem man schön demonstrieren kann, wie uns unser soziales Umfeld prägt, ist das liebe Geld. Ganz böses Thema hier in Deutschland. Über Geld spricht man schließlich nicht, stimmt's? G-E-L-D. Ist es positiv, wenn man viel Geld verdient? Oder verdirbt es den Charakter? Die Antwort dazu polarisiert und das beginnt schon bei der Vorstellung darüber, was denn überhaupt »viel« ist. Überleg mal: Je nachdem, wie du aufgewachsen bist, hat das Wort »viel« eine andere Größenordnung. Deine eigene Definition von »viel« entsteht aus dem, was du aus deinem eigenen Umfeld kennst. Du schaust vielleicht auf dein Gehalt, das Gehalt deiner Eltern, deiner Freunde und danach bestimmst du, was »viel« oder »normal« ist. »Normal« ist also einfach bloß das, was du kennst. Mehr nicht. Und daraus resultiert: Wer mehr hat als man selbst, gilt als reich – wer weniger hat, als arm.

Was können wir daraus schließen? Ganz klar: Unsere Maßstäbe sind nicht absolut, unser Umfeld legt uns lediglich unbewusst nahe, was wir für normal halten. Und für deine Schüchternheit heißt das: Wenn alle deine Freunde schüchtern sind, dann ist das dein »normal«.

Und jetzt kommt der fiese Part: Wenn du versuchst, an diesem »normal« etwas zu verändern, dann wirst du als seltsam oder eben »nicht normal« angesehen. Und das geht ganz schnell, wart's nur ab! Dein Umfeld schlägt nämlich zurück – es wird versuchen, dich von dieser Veränderung abzuhalten und dich genau dort an Ort und Stelle zu halten, wo du »hingehörst«. Du versuchst bewusst, deine Komfortzone zu verlassen, um freier zu werden und dein Umfeld wird dich bewusst oder unbewusst daran hindern, weil es die Veränderung für unnötig hält. Soll heißen: Egal, wie sehr du dir eine Veränderung wünschst und an dir selbst arbeitest – an deinem Umfeld kommst du nicht vorbei. Und das kann dich wirklich blockieren! Du willst mit jemandem telefonieren statt eine SMS zu schreiben, wie du es sonst immer getan hast? Die Antwort deines Umfelds? »Also bitte, das ist doch nicht notwendig! Mach es doch wie immer. Mach es wie ich und schreib eine SMS, das reicht doch völlig.« Siehst du? Schon geht's los. Du denkst, es ginge um Banalitäten, aber in Wirklichkeit sind das lauter kleine Steine, die dich ausbremsen. Wer an sich arbeiten will, muss zuerst dafür sorgen, dass er sich ein Umfeld schafft, das Veränderungen unterstützt – ja, sogar befürwortet! Gegen sich selbst anzugehen, bedeutet ja schon eine Menge Anstrengung, das weißt du selbst nur zu gut. Mit Widerstand durch das vorhandene Umfeld muss man rechnen, aber man kann dafür sorgen, dass dieser nicht unnötig groß ist. Wie das geht und auf welche Bereiche sich das erstreckt, habe ich in diesem Kapitel für dich zusammengestellt.

DEINE WOHNUNG

Fangen wir mit deiner Wohnung an: Wie sieht sie aus? Ist sie eher zweckmäßig oder eher liebevoll eingerichtet? Und überhaupt: Hat das auch nur entfernt etwas mit Schüchternheit zu tun? Oh ja! Deine Wohnung ist ein Spiegelbild deiner Persönlichkeit. Sie zeigt einem Gast genau, was dir wichtig ist und worauf du keinen Wert legst. Natürlich bleibt es ganz allein dir überlassen, wie du wohnst und dich einrichtest. Deine Wohnung kann aber durchaus zu deiner Veränderung beitragen. Wie zum Beispiel? Vielleicht bist du sogar zu schüchtern, etwas in deiner Wohnung zu verändern, weil deine Freunde dir immer gesagt haben, dass sie einen Gegenstand oder ein Möbelstück, das dir total gefällt, unmöglich oder geschmacklos finden. Was ist zum Beispiel mit dem Perserteppich, den du von deiner Marokko-Reise mitgebracht hast? Oder dem Wackeldackel in deinem Auto, für den sich deine Freunde immer fremdschämen? Dann kostet es bereits Mut, <u>sich endlich dazu zu entschließen, zu seinem Stil</u> zu stehen. Du darfst deinen eigenen Geschmack haben, völlig egal, was andere sagen! Es ist dein Auto und deine Wohnung, du lebst dort, und es sollte der Ort sein, der dir das Gefühl gibt, du selbst zu sein. Deine Wohnung kann dich aber auch darin unterstützen, neue Ziele zu erreichen. Wenn du zum Beispiel mehr mit anderen Menschen in Kontakt kommen möchtest, wie wäre es dann, wenn du dir schöne Erinnerungsfotos von den Menschen aufhängst, die du in letzter Zeit getroffen hast?

DEIN SCHREIBTISCH

Wieso soll der wichtig sein? Weil es der Ort ist, an dem du möglicherweise viele Stunden deines Tages verbringst, falls du in einem Büro arbeitest. Wenn du dir ein neues Ziel gesteckt hast, dann lohnt es sich, dort Erinnerungen anzubringen, die dein neues Denken verstärken. Dafür gibt es verschiedene Möglichkeiten: Ich benutze sehr gerne Post-its, um mir bestimmte Lebensgrundsätze einzuprägen. Diese kleben dann unter meinem Bildschirm, neben meiner Tastatur oder an der Wand neben meinem Computer, um mich so oft wie nur möglich an mein neues Mindset zu erinnern. Ich sehe die Zettel, wenn ich telefoniere, eine E-Mail schreibe oder ein Problem lösen muss und mache mir immer wieder bewusst, nach welchen neuen Standards ich mich ausrichten möchte. Der Vorteil ist außerdem: Ich habe diese Erinnerungen immer im Blick, egal, ob mein Computer an ist oder nicht.

Eine andere Option ist, wechselnde Hintergründe mit wertvollen Zitaten für deinen Desktop zu verwenden. Ich erstelle für die Leser meines Blogs mittlerweile selbst solche Hintergründe, die du dir auf meiner Webseite (vanilla-mind.de) herunterladen kannst. Das Schöne ist, dass man mit einem hübschen Bild und einem anregenden Spruch sehr viel dazu beitragen kann, zu seinem neuen Ich heranzuwachsen.

Und, merkst du schon etwas? Genau hier fängst du auf einmal an, dir ein neues Umfeld aufzubauen. Du umgibst dich mit Zitaten von Personen, die bereits etwas erreicht haben, woran du arbeiten möchtest. Du bist also in einem Umfeld, das dich motiviert und dir die richtigen Impulse gibt. Eine Person, die mich beispielsweise immer wieder fasziniert, ist Tim Ferriss. Der Mann lässt sich von nichts einschüchtern, um seine Ziele zu erreichen. Er ist Bestsellerautor mehrerer genialer Bücher, Unternehmer, Business Angel, Podcaster und Public Speaker. Fun Fact: Er hält sogar den Weltrekord für die meisten Tango-Drehungen in einer Minute. Auch nicht schlecht. Bei allem, was er in seinem Leben anfasst, geht er immer nach demselben Prinzip vor: Althergebrachte Annahmen aufbrechen und neue Wege finden, schneller ans Ziel zu kommen. Das finde ich unheimlich spannend.

DEIN WEG ZUR ARBEIT

Dein Arbeitsweg gehört zu deinem Umfeld. Was hat das nun wieder mit Schüchternheit zu tun?

MÖGLICHKEIT 1:

Wie sieht dein aktueller Weg zur Arbeit aus? Rennst du morgens aus dem Haus, steigst in dein Auto und hoffst inständig darauf, rechtzeitig zur Arbeit zu kommen? Schwingst du dich auf dein Fahrrad und hetzt durch den morgendlichen Verkehr? Bei vielen ist der Weg zur Arbeit eine Strecke von 20 Minuten oder mehr. Eigentlich eine prima Gelegenheit, um dich auf den Tag vorzubereiten und dich noch einmal selbst daran zu erinnern, wie du mit deinem Tag umgehen willst. Zum Beispiel kannst du an das denken, das du in dein »Five-Minute-Journal« eingetragen hast (siehe Kapitel »Mit einer Morgenroutine starten«). Es hilft dir immer wieder, im Blick zu behalten, was sich für dich heute positiv verändern soll. Vielleicht überlegst du dir aber auch einfach, etwas früher loszufahren oder eine andere Strecke zu wählen. Das reduziert zumindest schon einmal unnötigen Stress für dich, und dadurch machst du deinen Weg zur

Arbeit zur ersten Möglichkeit, dich mental auf das vorzubereiten, was du für dich erreichen möchtest, anstatt nur auf Einflüsse von außen zu reagieren.

MÖGLICHKEIT 2:
Gleich auf dem Weg zur Arbeit beginnen, die Schüchternheit abzubauen. Wie das? Fährst du mit dem Fahrrad oder mit dem Bus zur Arbeit? Vermutlich begegnen dir dann morgens immer mal wieder dieselben Menschen auf dem Weg. Ist es nicht irgendwie seltsam – man sieht diese Menschen mehrfach in der Woche, aber oft hat man noch nicht ein einziges Mal mit ihnen gesprochen? Vielleicht noch nicht einmal den Mut gefunden, auch nur »Guten Morgen« zu sagen. Oder wie bei mir im Norden üblich ein brummeliges »Moin« – und zwar nur »Moin«. Mit einem doppelten »Moin moin« würde man sich schon als Quasselstrippe outen.
Vielleicht denkst du, das liege an dir und deiner Schüchternheit. Schließlich fühlst du dich ja gehemmt und bist daher selbst das Problem. Das dachte ich zumindest eine Zeit lang. Irgendwann fing ich allerdings an, alle Leute, die vor unserer Haustür vorbeiliefen, zu grüßen. Und siehe da, ich stellte ziemlich schnell fest: Die meisten von ihnen waren so verklemmt, dass sie gar nicht verstanden, warum ich sie grüßte. Seitdem mach ich mir einen Spaß daraus, und ja – ich bin jedes Mal stolz darauf, wenn ich es geschafft habe, Fremde auf der Straße freundlich zu grüßen. Wie die Leute reagieren, ist mir gar nicht so wichtig, schließlich bin ich dadurch die starke Person. Und ein bisschen Freundlichkeit macht jeden Tag leichter, insbesondere wenn es früh am Morgen ist, nicht wahr? So ähnlich mache ich es auch, wenn ich laufen gehe. Ich versuche, andere Läufer durch ein Nicken oder kurzes Handheben zu grüßen. Einige sind irritiert und wissen gar nicht, womit sie die Ehre verdient haben. Andere wiederum lächeln oder grüßen zurück.

Es gibt übrigens den sogenannten Läufergruß – kurzes Armheben oder Nicken. Gut zu wissen!
Probier es einfach mal! Lächle einfach mal, wenn du jemanden schon mehrfach an der Bushaltestelle gesehen hast. Wenn du mutig bist, lass eine kurze, freundliche Bemerkung fallen. »Schön, dass die Sonne heute scheint!« Aus solchen kleinen Bemerkungen ergibt sich meist ein kurzer höflicher Wortwechsel. Du wirst feststellen – praktisch jeder reagiert darauf freundlich, und du wächst jeden Tag ein bisschen.

DEINE FREUNDE UND ARBEITSKOLLEGEN

Nun wird es etwas kniffliger. Dass Freunde einen sehr großen Einfluss auf einen haben, macht sich gar nicht immer jeder klar. Solange man nämlich genauso ist wie sie, fällt einem nicht auf, wie einen der Umgang mit ihnen prägt. Versucht man aber, etwas zu verändern, merkt man plötzlich, dass nicht alle Freunde so hilfreich oder verständnisvoll sind, wie man es gern hätte.
Das liegt zum einen daran, dass man selbst nicht immer ausspricht, warum man sich auf einmal anders verhält oder etwas Anderes möchte. Kein Wunder also, dass deine Freunde dann die Stirn runzeln und sich fragen, was mit dir auf einmal los ist! Zum anderen meinen deine Freunde es für gewöhnlich gut mit dir – dumm nur, dass sie oftmals gar nicht einschätzen können, was wirklich gut für dich ist! Sie versuchen, dich in bester Absicht von deinen neuen Plänen abzuhalten. Statt dir zum Beispiel die entscheidende Portion Mut zuzusprechen, ermuntert dich die Freundin vielleicht eher noch, es sein zu lassen: »Ach lass das doch, so wie du es sonst immer machst, ist doch alles immer super gewesen! Außerdem haben wir doch uns.«
Es mag verlockend sein, auf jemanden zu hören, der deine Gefühle hundertprozentig nachempfinden kann und Verständnis

für dich hat, wenn du dich lieber zurückziehst und vor einer Herausforderung drücken willst. Aber es nimmt dir den Wind aus den Segeln. Du versuchst, dich aufzuraffen und deine Energie zusammenzunehmen und der andere sagt: »Ich hab extra Kekse für dich gebacken, und draußen ist es doch sooo kalt. Geh doch lieber morgen laufen.« Da haste den Salat! Was waren denn noch gleich deine Ziele? Selbstbewusster werden und mutig sein!
Also, wie gehst du damit um, wenn deine Freunde dich davon abhalten möchten, etwas anders zu machen? Große Diskussionen bringen für gewöhnlich wenig. Willst du was verändern und merkst, du stößt dabei auf Widerstand, dann sag einfach: »Ich möchte es einfach mal eine Weile probieren und sehen, welche Auswirkungen es hat. Wenn es nichts für mich ist, dann lasse ich es wieder.« Das lässt sich nicht wegdiskutieren, und du musst dich nicht rechtfertigen. Gegen einen Versuch lässt sich schließlich wenig einwenden, und auf deine Freunde wirkt das weniger bedrohlich. Nach einer Weile werden sie mit Sicherheit bemerken, dass du dich zum Besseren weiterentwickelt hast, und dann beruhigen sie sich auch wieder.
Im Gegensatz zu deinen Freunden kannst du dir deine Arbeitskollegen allerdings nicht so richtig aussuchen. Aber auch hier gilt – mach dir bewusst, welchen Einfluss sie auf dich haben! Wenn du Vollzeit arbeitest, verbringst du mit deinen Kollegen mehr Zeit als mit deiner eigenen Familie. Beteiligst du dich nur an etwas, weil alle es tun? Machst du dir Sorgen darüber, was passiert, wenn du mal entschieden Nein sagst? Möchtest du auf keinen Fall aus dem Rahmen fallen? Auch hier kannst du anfangen, die Dinge wie einen Versuch zu behandeln. Erfahrungsgemäß werden gerade die bewundert, die in der Lage sind, sich abzugrenzen und wirklich das zu tun, wovon sie überzeugt sind.

DIE RICHTIGE UNTERSTÜTZUNG FÜR DEIN NEUES MINDSET

VORBILDER WÄHLEN

Du brauchst außerdem unbedingt Unterstützer, wenn du deine Schüchternheit Schritt für Schritt abbauen willst. Einige wirst du vielleicht schon in deinem bestehenden Freundeskreis entdecken. Vielleicht sind es genau die Personen, die du schon immer bewundert hast, weil sie so anders mit Situationen, die dir extrem unangenehm wären und bei dir sofort Stress auslösen würden, umgehen können. Jetzt, da du hochmotiviert bist, etwas Neues zu probieren, siehst du sie vielleicht in einem völlig anderen Licht. Du kannst dir genau anschauen oder – noch besser – abschauen, wie sie Situationen bewältigen, die für dich eine Herausforderung darstellen. Sprich mit ihnen über das, was dir schwerfällt. Du wirst mit Erstaunen erfahren, dass das, was für dich so leicht aussieht, auch für sie jahrelange Übung erfordert hat. Das ist gar nicht so ungewöhnlich, denn oft sieht man von außen nur das Endresultat, und schon glaubt man, so müsse es schon immer gewesen sein. Also sprich mit deinen Freunden und lerne ihre Strategien kennen! Du brauchst Freunde, die mehr Lebenserfahrung haben und die gelassener sind als du. Leute, die genau da sind, wo du hinmöchtest. Die dir mindestens ein oder zwei Schritte voraus sind, dich animieren und motivieren und die dir dabei helfen können zu wachsen. Du bist der Durchschnitt deiner Freunde. Wenn sie ängstlich und voreingenommen sind, bist du es auch. Wenn sie mutig und neugierig sind, bist du es ebenfalls. Die Gleichung ist tatsächlich so einfach.
Wenn du den Großteil deiner kostbaren Zeit mit Menschen verbringst, die genauso schüchtern sind wie du, dann wird sich nichts an deiner Einstellung ändern. Ihr werdet euch nur gegenseitig dazu ermutigen, vor unangenehmen Situationen zu fliehen und euch einreden, all das sei in Ordnung. Gemeinsam einsam. Der Impuls von außen, etwas Neues zu probieren und die Komfortzone zu verlassen, fehlt dann einfach. So erzielst du

keinen Fortschritt, und wir alle wissen: Auch Stillstand bedeutet Rückschritt.

Meine beste Freundin in meiner Teeniezeit war ein höchst extrovertierter Mensch mit dem großen Drang überall dort hinzugehen, wo viele Menschen waren. Das führte oft zu Spannungen, weil ich das natürlich gehasst habe und es für mich auch nicht immer angenehm war. Trotzdem war es das Beste, was mir passieren konnte. Durch sie habe ich überhaupt mal etwas anderes als das Kino und meine eigenen vier Wände kennengelernt und war gezwungen, mich mit anderen Teenagern in meinem Alter zu unterhalten. Und ich konnte beobachten, was sie tut, um mit anderen ins Gespräch zu kommen. Okay, hin und wieder habe ich mich auch allein gelassen gefühlt. Sie war dann plötzlich irgendwo in der Menge verschwunden, und ich stand mit wildfremden Menschen und einem Drink in der Hand da. So ein Drink kann einem schon mal das Leben retten, wenn man statt zu sprechen, lieber an seinem Strohhalm zieht. Also, ich lebe noch. Keiner hat mich gefressen, und obwohl ich Partys nicht gerade mochte, muss ich zugeben, dass ich es durchaus aufregend fand, für eine Weile »die Luft der Freiheit« zu schnuppern und das zu tun, was der ganz normale Durchschnittspubertierende in meinem Alter tat: Sich die Nächte um die Ohren zu schlagen und mit anderen Musik zu hören, statt allein vorm Computer zu hocken.

Mittlerweile ist mein Ehemann mein bester Freund und Impulsgeber. Er ist das Genie, das mir hilft, mein Potenzial zu erkennen und mir den Kopf zurechtzurücken. Wenn ich mich wieder einmal in mein Schneckenhaus verkriechen und vor unangenehmen Alltagssituationen kneifen will, macht er stets das Richtige: mir vor den Latz knallen, wer da gerade in meinem inneren Team die Oberhand hat. Er gibt mir den nötigen Impuls, vielleicht doch mal einen Schritt weiter aus der Komfortzone herauszugehen, als mir lieb ist. Dafür muss er sich zum

»Dank« sogar manchmal meinen Unwillen gefallen lassen, wenn er meinem Empfinden nach zu stark pusht. Aber das muss so sein. Ohne ihn wäre ich nicht diejenige, die ich jetzt bin, die einen Blog schreibt, Interviews geben und nun ein Buch veröffentlichen kann. Ich brauche ihn, und das ist genau richtig so. Wir alle brauchen Menschen, die an uns glauben und uns dazu motivieren, das Richtige zu tun. Die sich nicht abhalten lassen, auch mal deutlich zu werden, wenn wir uns verrennen und unser Ziel aus den Augen verlieren. Hilfe zu brauchen und anzunehmen, ist okay. Du musst nicht allein gegen den Rest der Welt kämpfen, im Team klappt das viel besser! Ich habe meine Erfolge nicht nur mir selbst zu verdanken, das zu glauben, wäre vermessen. Weil es immer Menschen gab, die an mich geglaubt haben, stehe ich heute so da. Und ja, sogar die Leserinnen meines Blogs sind für meinen Erfolg verantwortlich. Würden sie mich nicht motivieren, weiter Artikel über meine Ängste zu veröffentlichen – würde ich auch dieses Buch nicht schreiben, darauf kannst du wetten! Besonders dann, wenn du etwas Neues versuchst, brauchst du Freunde, die dir Mut machen. Menschen, die dir sagen: »Komm versuch es noch mal, bald wirst du sicherer werden, gib nicht auf!« Wundere dich also nicht, wenn plötzlich ganz neue Menschen in dein Leben treten, weil du daran arbeitest, deine Schüchternheit abzulegen. Das Wichtigste ist: Sei offen und verstell dich nicht, erst dann findest du die Freunde, die dir und deinem Wunsch nach Wachstum gegenüber positiv eingestellt sind!

DER EINFLUSS VON NACHRICHTEN

Was du liest, prägt dich mehr oder weniger unbewusst. Wenn du zum Beispiel den ganzen Tag nur Nachrichten liest, die sich damit befassen, was alles Schlimmes in der Welt passiert, dann kommt das Gefühl in dir auf, dass dir selbst bestimmt auch etwas Schlimmes geschehen wird. Es schürt die eigenen Ängste. Mir ging es eine ganze Weile so. Natürlich interessiert mich das Weltgeschehen. Ich nehme Anteil daran, und informiert zu sein ist Teil der Allgemeinbildung, ganz klar. Aber ich hatte es eine Zeitlang übertrieben und schaute mehrmals täglich bei »zeit. de« und »spiegel.de« nach den aktuellen Entwicklungen. Irgendwann bekam ich regelmäßig Panik davor, was wohl als Nächstes geschehen würde. Man wird beinahe süchtig danach, seine eigenen diffusen Ängste durch Schreckensmeldungen aus aller Welt zu befeuern und zu bestätigen. Mittlerweile lese ich nur noch alle paar Tage die neusten Nachrichten.

Natürlich kann man den Spieß auch umdrehen: Wenn du Erfahrungen von mutigen Persönlichkeiten liest, dann bestärkt es dich selbst darin, mutiger zu werden und diese Menschen nachzuahmen. Warum erwähne ich das überhaupt? Manchmal hast du in deinem Umfeld wenig Rückhalt für Veränderungen. Vielleicht bist du in einem Dorf aufgewachsen, wo man stolz darauf ist, dass noch alles so ist wie früher und jeder jeden kennt. Das macht es schwer, einen Menschen zu finden, der einem Unterstützung gewährt. Ich hatte auch nicht zu jeder Zeit jemanden, mit dem ich über alles reden konnte, der mich verstand und mir half, mich zu öffnen. Aber ich suchte mir oft Inspirationen bei anderen, die so waren, wie ich sein wollte. In Büchern und Nachrichten, die du liest, kannst du Gleichgesinnte finden. Deshalb gehört auch das, was du liest, zu dem Umfeld, das du verändern kannst – um dich auf deinem Weg zu unterstützen, deine Schüchternheit zu überwinden.

Mir halfen dabei besonders Biografien, die mich ansprachen und motivierten. Oder ich las Interviews von starken Persönlichkeiten. Ich war fasziniert von ihren Lebensgeschichten und versuchte nachzufühlen, welchen Weg sie gegangen sind und welche Härten sie in Kauf nehmen mussten, um letzten Endes dorthin zu gelangen, wo sie jetzt standen. Niemand wird als fertige Persönlichkeit geboren, der alles in den Schoß fällt. Daher liebe ich es, über Menschen zu lesen, die offen und ehrlich erzählen, wo sie einst standen und wovor sie am meisten Angst hatten.

DEINE ESSGEWOHNHEITEN

Ich nehme an, jetzt hast du gerade ein Déja-vu. Ganz richtig, über Ernährung habe ich ja bereits im letzten Kapitel gesprochen. Ich halte allerdings sehr viel von dem Prinzip »Wiederholung«, darum möchte ich hier noch einmal kurz bekräftigen, warum es so wichtig ist, dieses Thema im wahrsten Sinne des Wortes nicht einfach unter den Tisch fallen zu lassen. Für die Essgewohnheiten gilt Ähnliches wie für den Sport. In dem Moment, wo du darauf zu achten beginnst, was dir guttut, gewinnst du Energie und Motivation! Heißt das, du sollst dein ganzes Leben jetzt mal eben auf den Kopf stellen? Nein, darum geht es mir nicht. Aber fange in einem Bereich deines Lebens an und konzentriere dich auf einen Aspekt! Wenn deine Essgewohnheiten also darin bestehen, dass du mit jeder Menge Süßigkeiten, gezuckerten Frühstückscerealien und Weißmehlprodukten deinen Blutzuckerspiegel Achterbahn fahren lässt, dann bekommst du auch schneller Probleme mit deiner Willenskraft, wie wir bereits festgestellt haben.

Also: Gute Ernährung und körperliche Fitness können dich absichern, dein Ziel im Auge zu behalten und deine Schüchternheit zu beherrschen. Auch die Menschen, mit denen du zusammen deine Mahlzeiten einnimmst, haben darauf einen Einfluss. Sind sie eher Befürworter von Fast Food? Oder könnten sie deine Verbündeten werden, wenn du auf eine ausgewogene, nährstoffreiche Ernährung achten möchtest?

Ich gebe zu, das war jetzt eine ganze Menge Input. Aber du solltest die Macht deines Umfelds niemals unterschätzen. Solltest du einmal von deinen eigenen Zielen abgelenkt sein oder dich fühlen wie ein Segelboot, das von tosenden Wellen hin und her geworfen wird – sei dir sicher, dass dein Umfeld es für dich richten wird. Und zwar im negativen Sinne. Dein Umfeld wird dir nämlich seine Ziele aufdrängen, und plötzlich verlierst du deine eigenen völlig aus dem Blick. Dann tust du plötzlich das, was eben jeder so macht. Einfach, weil »es sich so gehört«. Oder »weil wir es schon immer so gemacht haben«.

Behalte daher dein Ziel fest im Auge und suche dir Gleichgesinnte, die dich nicht nur begleiten, sondern dir Mut machen und an dich glauben. Hab keine Angst davor, sie um Hilfe zu bitten und dir einzugestehen, dass du nicht immer alles ganz allein wuppen kannst. So wirst du mental wachsen und an Stärke zunehmen, während deine Ängste immer kleiner werden.

»NACH VIELEN HOCHS UND TIEFS BIN ICH STÄRKER GEWORDEN«

Erfahrungsbericht von Maxi

Eigentlich wollte ich immer etwas Kreatives machen. In einer hippen Werbeagentur arbeiten, Fotografin werden oder hübsche Magazine gestalten. Seit fünf Jahren nun arbeite ich im väterlichen Heizungs- und Sanitärbetrieb. Das war eine eher spontane Entscheidung direkt nach meiner Ausbildung zur Groß- und Außenhandelskauffrau, die Familienära weiterzuführen.

Was damals für mich als ein Abenteuer begann, ist heute oft knallharter Alltag. Unser Büro ist ausschließlich durch mich besetzt. Ich bin mein eigener Chef, mit mir alleine, immer. Ich bin lieber im Hintergrund, spreche nicht gerne vor Menschen, werde schnell rot und lasse mich absolut von den Blicken anderer beeinflussen. Kurzum: Ich bin unsicher. Und genau damit mache ich mich angreifbar und zur einfachen und schnellen Zielscheibe aller »Frustablasser«. Trotzdem liebe ich meinen Job und die Freiheiten, die er mit sich bringt. Nach fast fünf Jahren mit unzähligen Hochs und Tiefs, vielen Zweifeln und Tränen bin ich stärker geworden.

Auf andere wirke ich oft eingebildet, dabei versuche ich lediglich, meine Unsicherheit gekonnt zu überspielen. Wie ich merke, weniger erfolgreich. Ich habe Angst zu versagen, nicht das zu erfüllen, was andere von mir erwarten und nicht die sein zu können, die ich eigentlich so gern wäre. Mir fehlt oft der Mut (ausbruch).

Beeindruckt von anderen selbstständigen Frauen rückt man sich selbst gern in ein schlechtes Licht, erniedrigt sich und nimmt sich vor allem selbst den Mut. Ja, das kann ich – sehr gut sogar. Sich treu zu bleiben ist die wohl schwierigste, aber auch die wichtigste Übung in einer Selbstständigkeit. Man SELBST bleiben und das STÄNDIG!

5. Kapitel

DEINE ZIELE: WAS WILLST DU ERREICHEN?

Ich hoffe, du hast jetzt viele Anregungen und Tipps erhalten, mit denen du deine »nichtschüchterne Version 2.0« zum Leben erwecken kannst! Eins habe ich aber noch nicht angesprochen: Wie man sich überhaupt mal richtig erholt und das Tempo aus dem Leben nimmt. Warum schneide ich das Thema Entschleunigung an, obwohl es doch hier um Schüchternheit geht? Ich habe dich ja schließlich gerade erst mit Ideen und Denkanstößen bombardiert. Das ist schnell erklärt: Wenn du nicht ausgeglichen bist, wird es dir schwerfallen, überhaupt die nötige Energie für Veränderung aufzubringen und die nötige Neugier dafür zu entwickeln, mal etwas anders zu machen. Und dann wird dir verständlicherweise auch der Wille fehlen, deine Schüchternheit anzugehen und deine Komfortzone zu erweitern. Ist Stress bei dir der Dauerzustand, und brennst du nur noch auf Sparflamme, dann ist jeder neue Move und jeglicher Input schon eine Nummer zu groß. Und dann kann ich dich auch sehr gut verstehen, wenn du jetzt denkst: »Boah ey, was soll ich denn noch alles machen?! Mein Leben ist schon anstrengend genug, und jetzt kommen noch zig Dinge dazu, die ich am besten alle gleichzeitig testen soll?«

Veränderungen kosten Zeit und Energie. Bestimmt sind wir uns da einig. Und vielleicht bist du sogar so gestresst, dass dir selbst die schönen Dinge – das, was dir guttun würde – nur noch als Ballast und weiteres To-do vorkommen. So geht das nicht! Da hilft wirklich nur eines: Trag dir feste Termine in den Kalender ein, an denen du nur Zeit mit dir selbst verbringst und etwas für dich tust. Wenn du das nicht machst, bleibst du auf der Strecke, und irgendwann knallt's, weil du nur noch funktionierst. Nimm öfter mal das Tempo raus. Lerne zu entschleunigen. So paradox es klingt: Langsamkeit und bewusstes Genießen sorgen dafür, dass du eben nicht auf der Stelle trittst, sondern deine Sinne bereit machst für neue Herausforderungen und Fortschritte. Wir alle müssen lernen, die Stille und das Nichts mal für eine Weile auszuhalten.

STILLE AUSHALTEN LERNEN

Normalerweise wusele ich den ganzen Tag über umher und brüte andauernd neue Pläne und Ideen aus. Andauernd muss ich irgendetwas notieren und so viele Eindrücke wie nur möglich sammeln. Und irgendwie habe ich auch gedacht, das muss so sein. Ich bin doch schließlich ein Bildungsbürger, der nie aufhören darf zu lernen. Oder? Außerdem ist da ja auch noch der Haushalt, den ich führen muss: Der Backofen wurde ewig nicht gereinigt, der Kleiderschrank sollte auch mal wieder ausgemistet werden, der Wäschekorb ist wirklich immer voll – egal, wie oft ich wasche –, und dann muss ich ja auch täglich frisch kochen, oder? Nein, gar nichts muss ich. Und ich muss mir auch nicht am Wochenende noch weitere Termine anlachen, nur weil ich gegenüber meinen Freunden nicht Nein sagen kann. Überhaupt nichts muss ich. Außer herauszufinden, was mein Körper wirklich braucht, damit ich dem Alltag überhaupt gewachsen bin und für meinen Mann und meine Familie da sein kann.

Das Leben da draußen – allem voran die Berufswelt – ist durch und durch beseelt von dem Streben nach Effizienz und dem Gedanken, am besten jeden Tag höher, schneller und weiter zu kommen als die Konkurrenz. Da bleibt kaum noch Raum für Beständigkeit und Zeit zum Durchatmen. Andere werden dir diese Zeit nicht geben, also musst du sie dir unbedingt selbst nehmen! Die wahre Erholung setzt erst an dem Punkt ein, wo wirklich nichts mehr passiert. Wenn die Stille fast wehtut und man nicht mehr weiß, was man als Nächstes tun soll. Wenn dieses Kribbeln einsetzt und man meint, unbedingt etwas schaffen zu »müssen«, weil man sonst gar nicht weiß, wohin mit der Energie. Genau hier fängt die Erholung an und das bewusste Wahrnehmen eines Augenblicks. Man muss es nur zulassen.

Ich schaffe mir solche Freiräume ganz bewusst und vor allem jeden Tag. Täglich wächst meine Verantwortung anderen gegenüber und vor allem stelle ich fest, dass das Leben nicht immer in so gleichmäßigen Bahnen verläuft wie mit Anfang 20. Ich weiß jetzt, was es bedeutet, sich an den Rand seiner eigenen Kräfte zu wirtschaften. Ich habe ganz selbstverständlich geglaubt, mit meinen nicht einmal 30 Jahren mehr oder weniger unbesiegbar zu sein. Was kannte ich schon groß vom Leben? Aber als ich den Punkt erreicht hatte, an dem mir mein Körper und meine Psyche ein großes Stopp-Schild vor die Nase hielten, merkte ich, wie schnell die Reserven dann eben doch aufgebraucht sind, sobald mal nicht alles nach Plan läuft. Oder ein echter Notfall eintritt.

Seit ich mir bewusst Zeit nehme für mich selbst, kann ich auch Turbulenzen im Alltag wesentlich lockerer abfedern. Es läuft nicht immer glatt, und komplett unvorhergesehene Ereignisse treffen einen manchmal hart. Besonders, wenn man ohnehin schon das Gefühl hat, nur noch am Rotieren zu sein und der Zeit hinterherzurennen. Da können schon Kleinigkeiten dafür sorgen, dass man völlig von der Rolle ist. Es gab Momente, da war ich mit den Nerven so am Ende, dass sich mein Innerstes beim bloßen Klingeln des Smartphones zusammenkrampfte und ich fürchterliches Herzklopfen bekam. Jeden Moment rechnete ich mit einem Notfall und fand keinen Ausgleich mehr für mein Gestresstsein.

Eine gute Tasse Tee ohne das Handy in der Hand oder nur 20 Minuten mit einem guten Buch – das reicht mir oft schon, um zu merken, dass das Leben nicht immer so schnell sein muss. Wir fiebern oft dem lang ersehnten Jahresurlaub entgegen, aber sind wir danach wirklich erholt? Meiner Erfahrung nach können zwei oder drei Wochen Urlaub nicht aufwiegen, was sich in vielen Monaten zuvor an Anspannung und Stress aufgebaut hat. Kaum bist du nach Hause zurückgekehrt, ist eigentlich alle Entspannung wieder verflogen, und du kannst es kaum erwarten, erneut zu flüchten.

Stille aushalten lernen

Das echte Leben spielt sich allerdings jeden Tag und nicht nur in kurzen Urlauben ab. Deswegen finde ich es so wichtig, sich Momente der Auszeit in den Alltag einzubauen. Manchmal brauchst du vielleicht mehr als nur ein paar Minuten Teepause, doch das ist völlig berechtigt! Denk nicht, du darfst dir nur so viel Zeit nehmen, wie eben dringend nötig ist, um zu »funktionieren«. So wie ein perfekt geöltes Rädchen im System. Du bist kein Roboter! Du musst dir wirklich erlauben, auch mal nichts zu tun. Sonst verbringst du deinen freien Tag mit dem Gefühl, getrieben zu sein, und redest dir ein, du müsstest doch noch etwas aus diesem Tag machen. Auch Erholung wird dann zu einem Pflichttermin, der möglichst effektiv abzuarbeiten ist, um ja nichts von dieser »Erholung« zu vergeuden. Freiraum ist ein leerer, undefinierter Raum. Im Englischen sagt man »I need time to decompress«, das heißt »ich brauche Zeit, mich zu dekomprimieren – wieder auszuweiten«. Genau um das geht es: Damit der Druck durch das, was man gedanklich alles in sich trägt, nachlassen kann, ist eine Menge »nichts« nötig. Diesen Leerraum brauchen wir einfach, um uns überhaupt wieder für Neues zu öffnen und einen kleinen Schritt heraus aus der Komfortzone zu wagen.

Manchmal weiß man gar nicht so recht, was einen wirklich entspannt, und man muss erst nach einem passenden Ausgleich suchen. Fernsehen beispielsweise bietet dem Gehirn keine echte Entspannung, da es die Zeit verbraucht, die das Gehirn benötigt, um seinen Job zu machen und Erlebtes überhaupt mal zu verarbeiten. Ich spiele schon eine Weile mit dem Gedanken, Reitunterricht zu nehmen. Als ich im vergangenen Dänemark-Urlaub auf einem Spaziergang an einer Koppel vorbeikam, trotteten einige Ponys neugierig auf mich zu und ließen sich über ihre weichen Nüstern streicheln. Da überkam mich eine so gewaltige Ruhe, dass ich dachte: »Das kannste auch zu Hause haben!« Für mich als Stadtkind ist ja jedes Tier, das weder Hund noch Katze noch Taube ist, ein nachhaltig in Erinnerung bleibendes Spektakel. Ich glaube ohnehin, dass der Bezug zur Natur und das Bewusstsein dafür, dass sie genau dafür da ist, uns zu erden und neue Energie zu geben, leider in unserer von Effizienz getriebenen Welt verloren gegangen ist. Ich wohne zum Glück am Stadtrand und habe eine fantastische, grüne Laufstrecke direkt vor der Haustür, sodass ich mindestens einmal am Tag rausgehen und durchatmen kann. Und was machst du gern? Bücher lesen, malen, nähen, spazieren gehen oder dir ein heißes Bad einlassen? Vielleicht musst du auch ein ganz neues Hobby suchen, das dir zur Balance verhilft? Die Möglichkeiten sind so vielfältig – finde etwas, das ganz zu dir passt, dich entspannt und ausgleicht. Es sind oft die kleinen Dinge, die den größten Unterschied ausmachen.

NEIN IST DAS NEUE JA!

Ja zu sich selbst zu sagen und an einem neuen Ziel zu arbeiten, bedeutet mitunter, zu vielen anderen Dingen Nein zu sagen. Manchmal auch zu Aktivitäten, auf die man vielleicht sogar Lust hätte, aber nicht genügend Energie. Wie macht man das am besten? Ich muss gestehen, mit dem Neinsagen hatte ich schon immer meine liebe Not. Und wenn mich jemand um Hilfe oder Rat bittet, lasse ich niemanden gern hängen. Ganz klar, wer will das schon? Die wichtigsten Gründe, die mich immer davon abhalten, Nein zu sagen? Hier meine drei wichtigsten Do's and Dont's.

Meine Do's

Mit den folgenden drei Sätzen schütze ich freundlich, aber bestimmt meine Grenzen.

1. »Danke, ich freue mich, dass du an mich gedacht hast, aber ich kann dieses Mal leider nicht.«
   Sich freundlich zu bedanken, dass derjenige an einen gedacht hat, ist sehr wertvoll und ehrt auch das Gegenüber.

2. *»Sonst gern, aber ich brauche heute die Zeit für mich.«*
   Dieser Begründung ist einfach nichts entgegenzusetzen! Und bitte bloß keine Rechtfertigung daraus machen. Wenn jemand das nicht akzeptieren will, dann erst recht betonen, dass man gestresst ist und dafür keinen Kopf hat. Ich kannte einmal jemanden, der ständig Gefallen einforderte, ohne jemals selbst einen Millimeter auf andere zuzugehen. Die wiederum mussten immer das unternehmen, worauf diese Person gerade Lust hatte. Wenn man es mit »Na, ja, also ich möchte eigentlich nicht so gern« versuchte, wurde nur verstanden, es trotzdem so zu machen, wie diese Person es wollte. Also: Sag klar und deutlich, was du brauchst.

3. *»Hast du im Internet schon mal nach X, Y oder Z gesucht? Da bin ich auch schon öfters gute Tipps gefunden.«*
   Wenn jemand einen Rat braucht, sage ich nicht direkt Nein, sondern mache einen anderen Vorschlag. Hilfe zur Selbsthilfe – und die meisten sind dankbar dafür. Oft reicht etwas Google-Recherche mit den richtigen Stichworten schon aus, um einen guten Artikel für das Problem meines Freundes zu finden oder einen wertvollen Denkanstoß zu geben. Dafür muss ich mich aber nicht jedes Mal mit ihm zusammensetzen und das ganze Problem stundenlang bearbeiten.

Meine Don'ts

Sei dir darüber im Klaren, dass du und deine Zeit wertvoll seid! Du schätzt es selbst, wenn andere dir etwas von ihrer Zeit geben und möchtest ihnen ihre nicht rauben. Genau das musst du auch von anderen einfordern. Es kann nicht jeder kommen und sich nehmen, was er braucht. Leute, die es für selbstverständlich halten, jeden auszufragen und alles umsonst zu bekommen, werden deine Bemühungen auch nicht schätzen. Im Gegenteil, sie werden es zum Anlass nehmen, wegen jeder Kleinigkeit wieder angerannt zu kommen, weil sie wissen, dass sie es mit dir machen können. Vermeide unbedingt folgende drei Gedanken:

1. *»Vielleicht mag er/sie mich ja dann nicht mehr.«*
   Wenn dich jemand nicht mehr mag, nur weil du ihm nicht mehr nützlich bist, dann ist dieser Mensch nicht gut für dich! So einfach ist das. Solche Menschen brauchst du nicht in deinem Leben. Du möchtest doch für das gemocht werden, was du bist und nicht für das, was du leistest, oder? Eben. Du musst dich nicht querlegen, nur um Anerkennung zu bekommen. Der Preis dafür ist verdammt hoch.

2. *»Und was, wenn mich dann jeder für eine egoistische Kuh hält?«*
   Wenn ich nicht kann, kann ich nicht. Das hat nichts mit Egoismus zu tun. Allein über so etwas nachzudenken, zeigt doch schon, dass man gar nicht egoistisch ist. Wenn jemand mir aufgrund einer Absage wirklich vorwirft – meistens nicht direkt, sondern schön subtil und passiv – egoistisch zu sein, werte ich das als Manipulationsversuch. Und auch solche Personen kann ich nicht gebrauchen. Die viel entscheidendere Frage ist allerdings: Hält dich jemand nach einer Absage wirklich für einen Egoisten oder ist das nur deine Annahme? Würdest du einen Freund egoistisch nennen, der dir erklärt, dass er Zeit für sich selbst benötigt?

3. »Juhu, jemand braucht mich!«
Das ist in der Tat ein großes Problem für mich – und ich glaube auch das der meisten Frauen. Jemandem etwas Gutes zu tun, tut auch einem selbst gut. Es ist schön, geschätzt zu werden und für andere da sein zu können. Aber auch das hat Grenzen! Man kann nicht jedem helfen. Ja, ich habe anfangs beschrieben, dass anderen zu helfen eine große Triebfeder für mich ist. Aber das kann ich ja nur, wenn ich auch die nötigen Reserven dafür habe. Niemandem ist geholfen, wenn ich dabei meine eigenen Grenzen ignoriere.

»WANN IST ES ZEIT, AN SICH SELBST ZU DENKEN?«

Erfahrungsbericht von Vera

Sollte mich jemand, der mich kennt, charakterisieren, wird das Wort »schüchtern« garantiert nicht vorkommen. Auf einem Seminar wurde ich beschrieben als »energetisch«, »präsent«, und ich denke auch, dass es das ganz gut trifft. Ich kann mich einsetzen, traue mich auch, unangenehme Themen anzusprechen und bin meist mittendrin statt nur dabei. Erst bei genauerem Hinsehen fällt auf, dass das nur eine Seite von mir ist. Die andere Seite hat große Probleme, vor Menschengruppen zu sprechen, vor fremden sowieso. In großen Menschenansammlungen fühle ich mich unwohl, erdrückt. Und »laut« bin ich immer nur dann, wenn ich etwas für andere durchsetzen will, sei es für meinen Chef, für einen Kollegen oder weil ich finde, dass sich das so gehört. Geht es aber um meine eigenen Bedürfnisse bin ich auf einmal ganz still. Ich kann andere nur schwer kritisieren und kann nicht formulieren, was ich mir für mich wünsche. Hier geht es nicht um ein paar Manolo Blahniks, diesen Wunsch kann ich sehr wohl formulieren. Wenn mich aber jemand fragt: »Was für Wünsche und Vorstellungen hast du, wie möchtest du dich in diesem Gefüge einbringen oder was ist für dich wichtig?«, wird es auf einmal ganz still im Raum, und man bekommt nur Herumgedruckse oder ein paar Phrasen als Antwort. Dass diese Frage auch sehr selten gestellt wird, ist für mich natürlich prima. Ich muss mir gar keine Gedanken darum machen. Die Kehrseite der Medaille ist allerdings, dass ich nicht nur nicht sagen kann, was ich will, sondern dass ich es gar nicht weiß. Also mache ich alles, was mir aufgetragen wird, denn wenn jemand glaubt, dass ich das kann, wird das schon in Ordnung sein. Ich erfülle alle Erwartungen, und wenn die Erwartungen größer werden, passe ich mich an. Im privaten Bereich nehme ich mich mehr zurück und schaue, wie ich mich ändern kann, damit die Erwartungen erfüllt werden und alle zufrieden sind. Im beruflichen Bereich passe ich meinen Arbeitsmodus an. Ich arbeite schneller, konzentrierter und überlege mir Techniken, mit denen ich mehr Arbeit in der gleichen Zeit erledigen kann.

Das klingt zunächst ganz positiv, Anpassungsfähigkeit ist eine super Sache in der heutigen Zeit. Problematisch ist nur, dass der Geist und der Körper nur eine begrenzte Aufnahmefähigkeit haben und mit einem Schlag darauf aufmerksam machen, wann es Zeit ist, an sich selbst zu denken. Auch hier passt man erst mal seinen Modus an. Man konzentriert sich nur noch auf die wichtigen Dinge, die Arbeit. Denn die ist doch das Wichtigste, oder? Man reduziert alles andere – für Freunde da sein oder Unternehmungen mit dem Partner planen. Man macht Yoga und geht so viel wie möglich an die frische Luft, denn das ist ja der Ausgleich zu einem harten Arbeitsleben – kann man überall nachlesen. Wenn das aber nicht die Erfüllung bringt, wird es schon schwieriger. Und wenn dann der Körper total dichtmacht, nennt man das Burn-out. Burn-out ist ein Verlegenheitsbegriff, eigentlich handelt es sich beim Burn-out mehr oder weniger um eine Depression. Diese hat immer einen Grund, an dem man arbeiten kann. Mir hat das jemand mal so auf den Punkt gebracht: »Ihnen hat nie jemand gesagt, dass Sie wichtig sind.« Das war meine Diagnose, und die hat mich so fertiggemacht, dass ich eine Woche lang geheult habe.

Außerdem leide ich unter ADHS, allerdings unter der introvertierten Version. Die dadurch vorhandenen Konzentrationsstörungen und das hektische Innenleben sorgen dafür, dass man die Entspannungsphasen nicht erkennt und hier ebenfalls in eine große Unruhe verfällt. Man erlebt aber Phasen, in denen man dermaßen produktiv ist, dass man das als die eigene Basis einstuft – man er-

Nein ist das neue Ja!

wartet diese Produktivität rund um die Uhr. Seitdem versuche ich zu üben, meine Wünsche zu formulieren. Mich für mich einzusetzen und dafür zu sorgen, dass ich das, was sich mein Körper und mein Geist wünschen, erkenne und umsetze. Das muss nicht immer Yoga sein... Ich habe mein Leben verändert – nicht wie andere, die ihr Hab und Gut verkaufen und eine Weltreise machen, denn ich habe auch viele Dinge in meinem Leben, mit denen ich zufrieden bin. Ich habe mir aber einen neuen Job ugesucht, ich habe mich von viel Ballast befreit und habe dabei auch Menschen verletzt, die das sicher nicht verdienten. Sie waren es gewohnt, dass ich da war und alles ihren Vorstellungen entsprechend erledigt habe, nun habe ich meine Vorstellungen umgesetzt, die leider mit denen der anderen nicht deckungsgleich waren.

Aber sie haben sich alle daran gewöhnt. Ich gehe offen damit um, ich kommuniziere, wie ich mich fühle und was ich für mich brauche. Nicht jeden Tag und bei jeder Gelegenheit, aber dann, wenn es nötig ist.

Am meisten darunter zu leiden hatte meine Mutter – ihr Leben musste sich sehr verändern, um mich »zu retten«, und es war eine sehr schwere Zeit für mich, diese Veränderung in die Wege zu leiten und durchzuziehen. Ich bin froh, dass sie inzwischen halbwegs verstanden hat, warum das nötig war und dass sich ihr Leben dadurch ebenfalls zum Besseren verändert hat.

Selbstverständlich ist noch immer nicht alles in Butter – dieser Weg wird kein leichter sein. Ich arbeite jeden Tag an mir, nehme mich zurück und überlege, wenn ich mich einsetze, ob es wirklich gut für mich ist oder ob ich das nur für jemand anderen tue. Ich nehme mir Auszeiten, wenn ich sie brauche und sorge dafür, dass mein Arbeitspensum in mein Leben passt. Ich arbeite immer noch viel, denn mir macht mein Job Spaß, und ich arbeite gern! Wenn ich eine Pause brauche, nehme ich sie mir aber. Der einzige noch offene Punkt ist das Thema Ausgleich. Ich habe noch nicht die richtige Beschäftigung gefunden, die mir wirklich Freude macht und die nur »für mich« ist. Ich habe viele Wünsche und Träume, traue mich aber nicht, diese umzusetzen. Was, wenn dieser Wunsch einen Haken hat? Wenn ich das nicht kann und es dann doch keinen Spaß macht? Was ist, wenn mein Körper wieder nicht mitmacht? Dieses Vertrauen zu mir und meinem Körper muss ich erst langsam wieder aufbauen, aber ich bin sicher, dass ich genug Zeit habe, Dinge zu testen, bis ich die richtige »geistige Zerstreuung« für mich gefunden habe!

UND – WIE SOLL ES JETZT WEITERGEHEN?

Da wären wir. Jetzt weißt du Bescheid. Du kennst meine Erfolge, Hindernisse und Rückschläge – und auch die anderer Frauen. Nachdem du nun so viele Denkanstöße bekommen hast, was wirst du tun? Einer meiner persönlichen Lieblingssätze lautet an dieser Stelle:

> »WENN ES EINFACH WÄRE,
> WÜRDE ES JEDER TUN.«

So ist es nun einmal. Die wenigsten nehmen ihr Leben selbst in die Hand und erkennen, dass sie selbst entscheiden können, wer sie sein möchten. Ich kenne viele Frauen, bei denen ich mir wünschte, sie würden mal einen Moment absoluter Ehrlichkeit gegenüber sich selbst erleben. Damit sie spüren, dass sie nicht in ihrer Opferrolle bleiben müssen. Von außen kann man wenig helfen, wenn jemand nicht bereit ist, selbst aktiv zu werden. Die meisten versuchen, die Schuld an ihrer eigenen Situation auf äußere Umstände zu schieben und sich damit zu trösten, dass ja nie die idealen Bedingungen für eine Veränderung gegeben sind. Dazu nur so viel:

> »DER ZUFALL BEGÜNSTIGT
> DEN VORBEREITETEN GEIST.«
>
> Louis Pasteur

Das Universum wird dir nicht helfen, wenn du dir nicht selbst hilfst. Du musst die nötigen Schritte unternehmen, die in deinem Einflussbereich liegen. Denn das bedeutet, sich für seine eigene Welt verantwortlich zu fühlen. Ich bilde mir nicht ein, den heiligen Gral gefunden zu haben, um meine Schüchternheit zu bekämpfen. Aber ich habe gelernt, was es heißt, seine Perspektive zu ändern und sich selbst mit anderen Augen zu sehen.

WENN NICHT HEUTE BEGINNEN, WANN DANN?

Entgegen der üblichen Floskel »Du hast alle Zeit der Welt« sage ich dir genau das Gegenteil: Die hast du eben nicht!
Ich meine, wo willst du denn hin? Wo siehst du dich in fünf Jahren, in zehn oder 15 Jahren? Deine Lebenszeit ist kostbar, und vor allem: Sie ist begrenzt. Es zeigt einen Mangel an Wertschätzung für das eigene Leben, wenn du es nicht sinnvoll nutzt. Zudem benötigt Veränderung viel Zeit – irgendwann fehlen dir vielleicht die Möglichkeiten oder du hast dein eigenes Schicksal dadurch besiegelt, weil du aus Furcht die falschen

Entscheidungen getroffen hast. Abwarten und nichts tun ist übrigens auch eine Entscheidung, und zwar eine ganz schlechte. Angst ist immer ein schlechter Ratgeber! Der Wunsch zur Veränderung ist oft da, nur ist die Furcht oft größer. Die Komfortzone zu verlassen, bedeutet auch, sich auf lange Sicht Entscheidungsfreiräume zu schaffen, die man zuvor gar nicht hatte. Wenn du dich vor deinem geistigen Auge als jemanden siehst, der keine Angst vor seiner eigenen Courage hat, dann solltest du jetzt damit anfangen, genau dieser Mensch zu werden! Und nicht morgen oder vielleicht am Wochenende.

Der Zufall wird nicht dafür sorgen, dass du zeigen kannst, wer du wirklich bist und was in dir steckt. Tut mir leid, dir das zu sagen, aber: Das Leben ist keine Castingshow, in der du entdeckt wirst! Du kannst dich nicht in die Rolle, die du gern spielen würdest, »hineinträumen«. Du musst das Ding durchziehen, wenn du Erfolg haben willst! Ich für meinen Teil habe keine Lust, auf Möglichkeiten und glückliche »Fügungen« zu warten. Warten ist eine furchtbare Beschäftigung, darin war ich noch nie besonders gut. Ich habe keine Lust, mich bis ins hohe Alter immer wieder mit Selbstzweifeln herumzuplagen, von denen die meisten unbegründet sind und nur in meinem eigenen Kopf existieren. Ich habe keine Zeit mehr für diesen Quatsch und du auch nicht. Schaffe dir deine Chancen selbst!

AUCH NIEDERLAGEN AKZEPTIEREN

»ERFOLG IST DIE FÄHIGKEIT,
VON EINEM MISSERFOLG ZUM ANDEREN ZU GEHEN,
OHNE SEINE BEGEISTERUNG ZU VERLIEREN.«

Winston Churchill

Scheitern ist total okay und gehört zum Fortschritt dazu. Eine temporäre Niederlage ist daher keine totale Niederlage, vergiss das nicht! Mir ist bewusst geworden, dass es fast egal ist, welche Steine das Leben einem in den Weg legt. Entscheidend ist nur, wie man selbst über diese Hürden denkt. Und das gilt sogar dann, wenn man mit Schicksalsschlägen zu kämpfen hat. Vor einiger Zeit hatten mein Mann und ich ein Jahr, in dem uns eine Hiobsbotschaft nach der anderen erreichte. Von jetzt auf gleich waren wir für zwei Pflegefälle zuständig, die täglich Hilfe brauchten. Unser Alltag wurde plötzlich unvorhersehbar, chaotisch und schlecht planbar. Unsere neuen »Jobs« bestanden darin, Vollmachten auszufüllen und Anträge zu stellen, erst monatelang in Krankenhäuser zu gehen und danach von Arzt zu Arzt zu tingeln. Dauernd gab es Rückschläge und neue Herausforderungen, die man verkraften musste. Da begreift man plötzlich: Man kann sich nichts im Leben aussuchen – nur die eigene Einstellung!

Und irgendwie war das beruhigend für uns. Zu wissen, man kann täglich etwas Schönes finden, das einen geistig gesund und optimistisch hält. Mir ist zwar bewusst, dass es einen noch deutlich schlimmer treffen kann. Aber immer müssen wir selbst uns die Frage stellen: »Wie gehe ich mit der Situation um? Weitermachen und das Schöne sehen oder gleich aufgeben?« Also mach dir keinen Kopf, wenn du doch hin und wieder von deinen Ängsten übermannt wirst, weil du überfordert bist. Das ist total normal und wird sowieso passieren – darauf kannst du dich schon jetzt einstellen. Wichtig ist nur, dass du weitermachst und dich auf die tollen Erfolge konzentrierst, die du bereits erreicht hast. Daran gemessen sind Niederlagen gleich viel leichter zu verdauen, und deine Neugier und deine Motivation gehen dir nicht verloren.

DEINE ZIELE: WAS WILLST DU ERREICHEN?

SCHRITT FÜR SCHRITT ZUM ERFOLG

Sofern du lernst, genau hinzusehen, kannst du sofort Erfolge sehen. Für mich etwa bedeutet Erfolg: Jeder noch so kleine Schritt zählt, auch die vermeintlich unwichtigen Dinge im Alltag. Ich freue mich schon wie ein Schnitzel, wenn ich es morgens schaffe, die Menschen, die mir entgegenkommen, anzulächeln. Wenn du dich überwinden musst, fremde Leute anzulächeln und es trotzdem tust – Punkt für dich! Das ist doch ein nennenswerter Schritt nach vorn, oder nicht? Jemandem ein ehrliches Kompliment zu machen, statt sich in der eigenen Misere zu suhlen – super Erfolg! Das »Five-Minute-Journal« (siehe Abschnitt »Gestärkt durch die Morgenroutine in den Tag starten«) hilft mir auch enorm dabei, jeden Tag stolz auf meine kleinen Erfolgsmomente zu sein und ganz im Augenblick zu leben.
Jetzt fragst du, ob du jemals ans Ziel kommen wirst? Die Frage ist eher, wie definierst du dein Ziel? Mir ist es nicht mehr wichtig, Perfektion zu erreichen. Das Leben lebt sich deutlich leichter, wenn man nicht davon ausgeht, dass die einzig erstrebenswerte Messlatte bei 100 Prozent liegt. Meistens hat man nicht einmal eine Ahnung, was diese 100 Prozent überhaupt bedeuten, sie sind einfach eine Illusion. Und meist bestehen sie aus völlig überzogenen Erwartungen an sich selbst – kein Wunder, wenn man dann furchtbar frustriert ist.
Mein Ziel ist es, frei im Denken und in meinen Entscheidungen zu sein. Dieses Ziel hatte ich in dem Moment erreicht, als mir klar wurde, dass ich durch mein eigenes achtsames Verhalten meine Ängste verstehen und sogar kontrollieren kann. Ja, ich weiß, das klingt jetzt alles so easy peasy, und das ist es natürlich nicht. Trotzdem ist es möglich, und ich hoffe, du kannst dieses Buch als Mutmach-Buch lesen und es kann dich inspirieren und dir zeigen, wie viel du eigentlich auf die Beine stellen kannst, wenn du es nur schaffst, all deine Ängste auf ihren Platz zu verweisen!

Deine Schüchternheit hat ja zudem auch sehr viel Gutes: Bescheidenheit und Besonnenheit sind ganz wundervolle Eigenschaften, die die Welt dringend benötigt. Die Welt wäre kein so toller Ort, wenn alle Menschen vorlaut und geltungssüchtig wären. Wir brauchen alle Eigenschaften und Charaktere! Nur lass nicht zu, dass deine Schüchternheit dich daran hindert, deine Chancen zu nutzen und deine Ziele zu erreichen. Wer schüchtern ist, muss nicht anspruchslos sein oder unter seinen Möglichkeiten bleiben. Das Leben ist an sich schon anstrengend genug, da musst du dir nicht auch noch selbst im Weg stehen. Ich weiß, wie schwer es ist, jeden Tag aufs Neue den Mut zu finden, die eigenen Chancen zu ergreifen. Aber wenn du es schaffst, deine Ängste zu beherrschen, dann bist du ganz bei dir – und Freiheit im Kopf bedeutet Freiheit im Handeln. Ein wunderschönes Gefühl!

DANKSAGUNG

Dieses Buch habe ich nicht nur mir selbst zu verdanken, sondern auch einer Menge großartiger Personen, die an mich geglaubt haben. Und die vor allem nicht müde wurden, mir das immer wieder zu bestätigen – besonders, wenn ich gerade mal wieder an mir selbst zweifelte. Danke an meine Familie, insbesondere meine Schwester Lea und die unglaublichen Leserinnen von Vanilla Mind, die mich immer wieder motivierten und mir eine große Portion Mut zusprachen!

Besonderer Dank gilt vor allem meinem Mann und zweitem Gehirn Timon, der für dieses Buch mit mir die vergangenen zwölf Jahre in allen Details erneut durchleben musste. Er hat mir beigebracht, mir mein Leben nicht von der Angst bestimmen zu lassen. Außerdem musste er monatelang täglich eine Unmenge Tee für mich kochen und dauernd Porridge essen, weil ich nur noch das Schreiben im Kopf hatte. Ich mach's wieder gut!

Ich bedanke mich außerdem bei meinem Verlag Random House für die Offenheit und das grenzenlose Vertrauen, dass ich sogar das Cover des Buchs selbst gestalten durfte. Herzlichen Dank an Caroline Colsman, die mich entdeckt hat und an mich glaubte, als ich noch gar keine davon Ahnung hatte, dass ich einmal ein Buch schreiben würde – und an meine Lektorin Julei Habisreutinger, die mein Buch druckreif gemacht hat.

ANMERKUNGEN

1 »The Long Shadow of Temperament,« Kagan, J. (2004)
2 »Structural Differences in Adult Orbital and Ventromedial Prefrontal Cortex Predicted by Infant Temperament at 4 Months of Age«, Carl E. Schwartz, MD; Pratap S. Kunwar, MS; Douglas N. Greve, PhD; et al. (2010)
http://jamanetwork.com/journals/jamapsychiatry/fullarticle/210501
3 »The Cost of Shyness«, Bernardo Carducci, Philip G. Zimbardo (1995)
https://www.psychologytoday.com/articles/199511/the-cost-shyness
4 »Die Gaben der Unvollkommenheit: Leben aus vollem Herzen«, Brené Brown, Verlag J. Kamphausen (2012)
5 »Contributions of Dopamine-Related Genes and Environmental Factors to Highly Sensitive Personality: A Multi-Step Neuronal System-Level Approach«, Chunhui Chen, Chuansheng Chen, Robert Moyzis, Hal Stern, Qinghua He, He Li, Jin Li, Bi Zhu, Qi Dong (2011)
http://journals.plos.org/plosone/article?id=10.1371/journal.pone.0021636
6 »Sensory-processing sensitivity predicts performance on a visual search task followed by an increase in perceived stress«, Gerstenberg F. X. R. (2012)
https://www.researchgate.net/publication/230556950_Sensory-processing_sensitivity_predicts_performance_on_a_visual_searchtask_followed_by_an_increase_in_perceived_stress;
»The trait of sensory processing sensitivity and neural responses to changes in visual scenes,« Jagiellowicz J,

Xiaomeng X., Aron A., Aron E., Guikang C., Tingyong F., et al. (2011), http://www.ncbi.nlm.nih.gov/pubmed/20203139

7 »Miteinander reden 3 – Das ›innere Team‹ und situationsgerechte Kommunikation«, Friedemann Schulz von Thun, Rowohlt, Reinbek (1998)

8 »Menschliche Kommunikation: Formen, Störungen, Paradoxien«, Paul Watzlawick, Janet H. Beavin, Don D. Jackson. Hogrefe, vorm. Verlag Hans Huber; 13., unveränderte Auflage

9 »The Spotlight Effect in Social Judgment: An Egocentric Bias in Estimates of the Salience of One's Own Actions and Appearance«, T Gilovich et al. J Pers Soc Psychol 78 (2), 211-222. 2 (2000), https://www.ncbi.nlm.nih.gov/labs/articles/10707330/

10 Neil Gaiman – Commencement Speech To The University Of The Arts Class Of 2012; https://www.youtube.com/watch?v=ikAb-NYkseI

11 »Das Buch für Schüchterne: Wege aus der Selbstblockade«, Borwin Bandelow; Rowohlt Taschenbuch Verlag; 2. Auflage (2008)

12 »Physical Posture: Could It Have Regulatory or Feedback Effects on Motivation and Emotion?« John H. Riskind, George Mason University; Carolyn C. Gotay, University of British Columbia, Vancouver (1982)

13 »Small Talk – Die hohe Kunst des kleinen Gesprächs«, Doris Märtin und Karin Boeck, Heyne Verlag (1999)

14 »Self-control relies on glucose as a limited energy source: Willpower is more than a metaphor«, M. Gailliot et al. (2007), »Journal of Personality and Social Psychology«, 92(2), 325–336

15 »Long term behavioral change«, B. J. Fogg https://www.youtube.com/watch?v=fqUSjHjIEFg

16 »Making health habitual: the psychology of ›habit-formation‹ and general practice«, Benjamin Gardner, Phillippa Lally, Jane Wardle; Health Behaviour Research Centre, Department of Epidemiology and Public Health, University College London (2012) https://www.ncbi.nlm.nih.gov/pmc/articles/PMC3505409/
17 »Self-Affirmation Improves Problem-Solving under Stress«, J. David Creswell, Janine M. Dutcher, William M. P. Klein, Peter R. Harris, John M. Levine (2013) http://dx.doi.org/10.1371/journal.pone.0062593
18 »I Can't Accept Not Trying«, (Englisch) von Michael Jordan; Random House Value Publishing (16. Juni 1996)
19 »Exercise and Physical Activity in Mental Disorders: Clinical and Experimental Evidence«, Elisabeth Zschucke, Katharina Gaudlitz, Andreas Ströhle (2013) https://www.ncbi.nlm.nih.gov/pmc/articles/PMC3567313/
20 »Understanding nutrition, depression and mental illnesses«, T. S. Sathyanarayana Rao, M. R. Asha, B. N. Ramesh, and K. S. Jagannatha Rao (2008), https://www.ncbi.nlm.nih.gov/pmc/articles/PMC2738337/#CIT11
21 »Brain foods: the effects of nutrients on brain function«, Fernando Gómez-Pinilla; Nature Reviews Neuroscience 9, 568-578 (2008) http://www.nature.com/nrn/journal/v9/n7/abs/nrn2421.html
22 »Zart besaitet: Selbstverständnis, Selbstachtung und Selbsthilfe für hochsensible Menschen«, Georg Parlow, Festland Verlag (2010)
23 »Wieso Achtsamkeitsmeditation vor Depressionen schützen kann: Erkenntnisse aus der Hirnforschung«, Philipp Keune, Vladimir Bostanov in »Psychiatry Research« (2013)

ANMERKUNGEN

   https://publikationen.uni-tuebingen.de/xmlui/
   handle/10900/46075
24 »Darm mit Charme: Alles über ein unterschätztes Organ«, Giulia Enders, Ullstein Verlag (2014)

Trau dich!

320 Seiten. ISBN 978-3-424-63079-4

Dieses Buch räumt mit dem kulturellen Mythos auf, dass Verletzlichkeit Schwäche bedeutet. Im Gegenteil: Sie ist die Quelle von Liebe, Freude, Zugehörigkeit und Kreativität. Unter Brené Browns behutsamer Anleitung entdecken wir die Kraft, die wir hinter unseren Schutzpanzern verbergen, und entwickeln den Mut, Großes zu wagen. Der Nr.-1-Bestseller aus den USA.

Überall, wo es Bücher gibt, und unter www.kailash-verlag.de